建筑业的数字时代

◎ 广联达《新建造》编辑部 主编

中国建筑工业出版社

图书在版编目(CIP)数据

建筑业的数字时代/广联达《新建造》编辑部主编.
北京：中国建筑工业出版社，2019.3
ISBN 978-7-112-23334-2

Ⅰ.①建… Ⅱ.①广… Ⅲ.①数字技术—应用—建筑业—产
业发展—研究—中国 Ⅳ.①F426.9-39

中国版本图书馆CIP数据核字（2019）第032950号

责任编辑：付　娇　兰丽婷
责任校对：李美娜

建筑业的数字时代

广联达《新建造》编辑部　主编

＊

中国建筑工业出版社出版、发行（北京海淀三里河路9号）
各地新华书店、建筑书店经销
北京市密东印刷有限公司印刷

＊

开本：787×960 毫米　1/16　印张：14½　字数：199千字
2019年3月第一版　2019年3月第一次印刷
定价：38.00元
ISBN　978-7-112-23334-2
　　　　（33651）

序

　　近年来我国很多城市都建起了著名的、标志性的建筑，是不是建成了就叫作成功呢？从管理学的角度讲并不是这样，因为在"不惜一切代价"的前提下建成的工程项目可能都存在着超预算、超工期、质量与安全有隐患等问题。广联达科技股份有限公司希望通过数字建筑平台推动建筑产业转型与升级，实现让每一个工程项目成功的使命、让整个行业成功的心愿。

　　建筑产业要想转型升级，需要向制造业学习。通过软件和数据打造数字化生产线，改变传统建造的作坊式生产及粗犷的管理方式，把建筑行业提升到现代工业级精细化水平，达到真正的绿色化、工业化、信息化。我们知道，工业生产中再小的零部件都有精细的加工图纸，工业制造严格按图纸进行。但建筑业却不是这样，这么大一栋建筑，却没有太多的精细的图纸，很多地方修建得好与不好完全取决于工人的经验和责任心。例如，广联达二期是一栋三万平方米的中型建筑，在进行审核时却仅有 200 张施工图纸，精细化程度远远不够。工业制造不仅有精细的图纸，还有统一高效的排序调度能够精细到工序级，因此让建筑图纸精细到作业级是我们努力的方向。同时建筑业也要加强自己的管理闭环，即 PDCA——计划、执行、检查、调整。学习制造业的生产方式及管理水平可以帮助建筑业更好更快地转型升级。

　　让建筑达到工业级精细化可以实现吗？苹果总部大楼正是工业级品质建筑的典范——一座斥资 50 亿美金建设的代表苹果公司精神的建筑。苹果总部大楼在建筑设计上继承了苹果公司产品对细节的极致追求，对其建造过程中精细化程度以及施工工艺要求极高，其中玻璃幕墙误差控制在 0.88 毫米以内，要知道厘米级的误差在目前的建筑业是非常"正常"的。正是因为苹果公司设定了极其严苛的交付标准，苹果总部大楼也为建筑业树立了榜样。

如何实现建筑的工业级精细化，我们提出了通过数字建筑平台实现这一目标的路径，因此构建数字建筑平台是广联达二次创业的核心任务。如何理解数字建筑？数字建筑是指利用 BIM 和云计算、大数据、物联网、移动互联网、人工智能等信息技术引领产业转型升级的行业战略。它结合先进的精益建造理论方法，集成人员、流程、数据、技术和业务系统，实现建筑全过程、全要素、全参与方的数字化、在线化、智能化，构建项目、企业和产业的平台生态新体系，从而推动以新设计、新建造、新运维为代表的产业升级，实现让每一个工程项目成功的产业目标。数字建筑也是为产业链上下游各方赋能的建筑产业互联网平台，并实现建筑产业多方共赢、协同发展的生态系统。简要概括就是在虚实映射的"数字孪生"技术之上，实现"三全""三化""三新"和"一生态"，推动建筑产业转型升级。

数字孪生的想法并不是特别新的概念，但在建筑领域一直很难落地生根，其中很大一个原因是建筑工程项目的体量大，体量大导致数据量巨大，远远超出了单机能够处理的范围。但如今"云、大、物、移、智"技术同时成熟，技术的进步和普及为建筑的数字化提供了实现的条件。同时，将技术与精益建造的项目管理方法相结合，制造业的精益制造转换为建筑业的精益建造便有了可能。先进的信息技术与先进的项目管理理论相结合打造数字建筑平台，实现"三全""三化""三新"，然后实现"一生态"。而这就是数字建筑产业平台的内涵。

"三全"即全过程、全要素、全参与方。第一，全过程，即涵盖建筑的设计、建造和运维的全生命周期过程；第二，全要素，即覆盖进度、成本、质量、安全等方面的管理要素和人、机、料、法、环等方面的生产要素；第三，全参与方，即建筑产业链上下游的各方主体，例如行业主管部门、建设单位、设计单位、施工单位、供应商、生产厂商等。将一个项目从最初的设计规划到建成后的运维过程中的所有流程、工作细节、施工过程、参与方、生产运输、安装调试等各方面全部数字化，再用传感器和智能终端等方式进行记录、跟踪，把累计下来的数据进行度量与计算，最后形成优化后的数字化产品。

"三化"即数字化、在线化、智能化。对"三全"首先进行基础的数字化，有了数字化才可度量、计算和分析；然后进行关键的在线化、实时化，将各生产要素数字化连接起来，让其建立联系进行协作与协同；随着不断地应用，达到一定的数据积累沉淀后，再加上人工智能的算法，最终达到智能化的目标。人工智能有四大要素：第一是场景，即具体的应用，如第一个战胜围棋冠军的人工智能程序 AlphaGo，在围棋简单清晰的规则下发挥作用；第二是数据，如第一代 AlphaGo 将众多棋谱进行编程；第三是算法，也就是在各种情况下如何进行决策；第四是计算能力，需要云计算、互联网等条件，做到在短时间内得出结果。在数据闭环自动流动过程中"人工智能"将实现资源的优化配置，做到越来越智能。

"三新"即新设计、新建造、新运维。首先是设计，与传统的设计不同，针对新设计我们提出了一个全新的概念——全数字样品，用数字技术在数字空间中将大型复杂工程进行模拟，再通过 VR 眼镜进行沉浸式体验，对基础条件、风险、错误等方面进行提前排查，做到用虚拟仿真和智能认知消除各种工程风险，实现设计方案、施工组织方案、运维方案以及全生命周期的成本优化，提升效率并保证质量，这是建筑人的梦想。其次才是实体建造，我们提出新建造——工业化施工，将工程施工提升到工业制造的精细化水平，图纸细化到构件，任务落实到工序，结合物联网技术实现传感器终端智能化，感知施工现场并根据现场情况实时更新反馈优化直至工程竣工，保证工人安全、用料标准、施工品质等要求，从而达到高效的PDCA管理闭环。最后是新运维——智慧化运维，把建筑升级为可感知、可分析、可控制乃至能自适应的智慧化系统，如现在建筑中的智能家居，电动窗帘、自动控温空调等，还可以预测并提前通知是否需要维修等。实现设计、建造、运维各环节的升级才能最终实现建筑业整体的转型升级。

"一生态"即数字建筑平台生态新体系。建筑行业要想真正转型成功，仅靠广联达一家企业是远远不够的，必须吸引行业内的有识之士共同参与这项事业，构建建筑产业多方共赢、协同发展的生态系统。广联达致力于构建数字建筑生态链，用数字建筑平台给生态链企业进行六大种类的赋能，为其提供技术辅导、产品方法论、品牌效应、资金、客户源及销售渠道方面的赋能，帮助生态链企业专心做产品。除了和生态链企业一起为政府、物业、建设方、金融、施工方、设计院、院校及建材厂商这八大类客户提供产品，广联达更要利用作为第三方枢纽的优势，进一步深化各方之间的关系，通过数字建筑平台让用户之间互动起来从而产生交易，同时带来金融服务的需求，最终实现生态体系所有参与方的共赢与繁荣。这就是广联达二次创业的最终目标——用数字建筑产业平台让建筑产业转型升级，让每一个工程项目成功！

广联达科技股份有限公司董事长　刁志中

前言

　　首先，很荣幸您能选择这本书。在开头我想借用一组数据告诉您，我们为什么要组织编写《建筑业的数字时代》这本书。据 2018 年上半年的统计，我国建筑业总产值为 94790 亿元，同比增长 10.4%。2018 年 7 月 19 日，《财富》（中文版）发布的世界 500 强排行榜中，建筑业共有 11 家企业上榜，其中中国建筑业企业就占了 7 个名额。从营收规模看，上榜的中国建筑业企业 2017 年平均营业收入是外国建筑业企业的 1.65 倍；但在盈利能力上，中国建筑业企业 2017 年的净利率为 1.84%，外国建筑业企业的净利率为 4.68%。这组数字说出了当前我国建筑业的心声，企业的利润率普遍偏低，成本管控能力亟待提升。

　　那么，如何让企业自身的核心竞争力通过有效的管理手段有所提升，为企业带来更大的价值，是每一个施工企业亟需解决的问题。当下，数字化推动着各行各业向前发展，纵观交通、零售、物流、金融乃至制造业，数字经济带来的变革有目共睹。建筑业同样也需要顺势而为，充分利用科学技术引领行业数字化转型升级，真正实现精细化管理，才能降本提效，保证企业甚至整个行业的可持续发展。如果企业不能把握好新技术的变革机遇，则很容易会被变革的浪潮所淘汰。

　　当然，很多施工企业都看到了数字化转型给企业发展带来的契机，纷纷走上了数字化转型的道路。在转型的过程中，企业也会遇到多方面的阻碍与困惑，比如缺少应用数字化技术的整体体系，缺乏数字化和专业化的复合型人才等。所以，在做《建筑业的数字时代》这本书之前，我们萌发了这样的想法，能不能通过行业领先者的一些先进理念，结合当下前沿的实践应用，总结出企业在数字化转型道路上值得普遍借鉴的思路和方法，来应对新形势下的种种挑战呢？于是我们着笔做了这本书，希望能够对大家有所帮助。

不过，思路和方法只能指引方向，建筑业的升级转型还是有很长的一段路要走，这个过程中面临的挑战主要集中在几个方面：第一是对未来趋势的把握。方向如果错了，走得越快可能就越危险。所以我们不仅要学习行业龙头和标杆，更要跳出建筑业看建筑业，像制造业的工业 4.0、工业互联网平台的发展、新零售的崛起，都会给我们以启发和借鉴。我们还要跟踪、分析全球 AEC 行业的发展趋势，学习他们在信息化、数字化方面的创新，来调整我们的战略。第二是寻求行业内的合作共赢。整个行业的数字化变革，肯定不是一家公司可以一蹴而就推动的。第三是人才培养。因为科技的迅猛发展，AEC 行业人才结构会从劳动密集型向技术密集型快速过渡。企业也需要调整布局内部人才结构，增加复合型人才的引进。要以人为本，以企业和个人的全面发展为中心，通过不断的创新增强企业学习力，为企业和行业培养面向未来的高潜力综合人才。

BIM+ 云、大、物、移、智等新技术如何与传统管理流程有效融合？人、机、料、法、环等生产要素如何通过新技术高效实现数字化？企业信息化如何自上而下规划，自下而上应用？这一个个问题需要我们一起去解答。

因为相信，所以看见。让我们一起走进建筑业的数字时代，共同开启智慧未来！

编 者

目录

第三章　善谋者行远，实干者乃成

第一章

要 做 建 筑 业 的 "数 字 先 行 者"

对于在建筑业"摸爬滚打"多年的从业者而言，听到类似"信息化"这样的词汇时心情难免会略显复杂。但随着大经济环境与国家发展战略的改变，我们也能够深切的感受到，建筑业企业乃至整个行业的转型迫在眉睫。一切转变的方向选择都需要尊重时代背景，今天我们已经进入了数据（DT）时代，"万物互联"的理想已经成为现实，建筑业的数字化转型无疑是这个时代的必然选择。在本章节中，我们特别从不同角度选择了九篇深度好文，为大家分享建筑业在数字化转型道路上的思考与建议。

施工企业数字化转型之路任重，道远

袁正刚

广联达科技股份有限公司总裁

在去年（2017年）的中国建设行业年度峰会上我就提到过数字建筑的概念，广联达也在今年（2018年）1月发布了《数字建筑白皮书》。在我看来，数字建筑不能仅停留在理念层面，它更应该是一个企业甚至是行业的发展战略，成为我们企业以及项目发展计划的一部分，成为我们每一个从业人员的行动。企业的数字化在过去的两年中有了很大进展，也碰到很多困难与阻碍，所以我想借着峰会上的发言机会，与各位共同探讨数字建筑的内涵到底是什么？数字建筑特别是在施工企业中应该如何与管理深度结合？

制约建筑业发展的三大因素

随着社会的进步与时代的发展，各个行业都将迎来全新的机遇与挑战。对于建筑业而言，在发展的道路上面临着诸多不利，其中有三个因素将是影响建筑业发展的重要阻碍，即老龄化问题、安全事故问题、生产力水平低下问题。

随着全球进入老龄化社会，各个行业都出现了职工老龄化的现象，建筑行业尤为明显。即便如美国整体劳动力老龄化速度较慢的国家，在建筑行业的老龄化速度依然相对较快。另外，放眼全球，安全一直是建筑领域不可回避的问题。不仅仅是在中国，纵观全球例如日本、澳大利亚等发达国家，建筑行业的安全事故也是所有行业最高的，就连美国近年来建筑行业每年的死亡人数同样高达 800 人以上。最后也是最根本的问题就是生产力水平的低下，根据对全球 GDP 占比达到 96% 的 41 个主要经济体的调研，制造业的生产力水平是高于所有行业的平均值的，而建筑业的这项指标却远低于所有行业平均值。

建筑业在行业形态方面与制造业最为相近，解决老龄化、安全、生产力水平问题就需要借鉴制造业的发展方向。目前，欧盟正在力推工业 4.0 在建筑业的落地，以数字孪生等核心技术为支撑，利用 BIM 技术真正实现建筑业的现代化，这其实与广联达所提出的数字建筑在很多方面都有类似之处。

数字化转型，建筑从业者的唯一机会

在欧洲的很多国家，建筑业的数字化进程推广速度远远超出了我们的想象，无论是英国、德国、意大利，还是爱尔兰、葡萄牙，无一例外地将建筑业 4.0 推向了行业战略高度，他们普遍认为将建筑业提升至 4.0 时代，将是这代建筑从业者的唯一机会。

同样，作为建筑产业大国的我们也需要顺应时代的潮流，拥抱行业的数字化转型，并且将其视为行业的重要发展战略。对此，我们所提出的数字建筑有一个很明确的目标，即到 2025 年工程项目的进度可以加快 50%，资金成本下降 1/3，二氧化碳的排放降低 50%，零质量缺陷以及零安全事故。当然这不是我们的凭空想象，该目标是基于英国政府在 2015 年制定的建筑行业十年发展目标。研究过程中我们还发现，除了英国还有很多国家都对此明确了长期的发展方向，其中爱尔兰提出在 2021 年，实现建筑行业项目进度加快 20%，资金成本下降 20%，出口增长 20% 的目标。如果我们还在怀疑成本下降 10%、项目进度加快 10% 能否实现，那我们要如何相信这些建筑业发展相对成熟国家还在制定如此高的目标，并且还在全力以赴的去实现呢？

在面对工人老龄化、安全施工、生产力不足、项目延期等问题的时候，我们是无法针对每个问题都去寻找多个有效的解决方案的。我们需要透过现象看本质，找到最有效的措施解决主要问题，数字建筑就应该是帮助建筑产业升级的有效手段之一。在数字化变革的大趋势下，建筑行业唯有顺势而为，主动拥抱变革，用科技引领产业变革，才能实现可持续健康发展。当然，建筑产业的转型升级也一定不是只在某个建造阶段内就能实现的，而是需要建筑全过程的升级；也不是光靠某种技术的推广应用，而是整个行业全生产要素的升级；更不是某一方能独立完成，而是需要建设过程全参与方的共同努力。这就需要一个平台，建立一个生态——数字建筑平台和生态。要实现数字建筑，就要借助 BIM、云、大数据、物联网、移动互联网、人工智能，3D 打印、VR、AR、区块链等新技术在行业内的应用，在新设计、新建造、新运维这三个阶段发挥巨大价值。

"新建造"是施工企业数字化转型之路上的一盏明灯

对于施工企业而言，在推行数字化转型的过程中所面临的困难与阻碍来自于多个方面。对此我们为施工企业描绘出了"新建造"业务全景图。我们可以根据现实情况将施工企业的业务分为"项目级"和"企业级"这两个逻辑层。项目层主要流程包括项目的策划、施工准备、组织施工、项目交付这四个阶段，这几个阶段的重点都是要对人、机、料、法、环等要素进行跟踪管理。而企业层则是要在整体上对金融、技术、风险等方面进行管理。基于对业务的理解，我们为项目层面提供了"BIM 建造"和"智慧工地"的方案，为企业层面提供"数字企业"的方案，从而形成施工企业在数字化转型过程中的一套完整的解决方案。

第一个是"BIM 建造"，对于 BIM 很多人会有这样的误区，BIM 就只是三维建筑模型。而我认为在 BIM 的应用过程中，应该着重考虑三个方面，即模型中心、数据中心、应用中心。其中模型中心就是数字化表现的重要载体，数据中心是通过各种手段将及时准确的数据集成，将非模型数据与模型进行挂接，形成整套完整的以模型为载体的数据系统，从而使得通过应用中心的 BIM 应用产生更大的价值成为可能。那么应用中心能产生怎样的价值呢？我们总结为"三个一"的精细化管理，即管理精细到每一个构件、每一道工序和每一个岗位，来实现进度、成本、质量、安全等方面的精细化管理。这就是我们的"BIM 建造"解决方案。

第二个是"智慧工地"，现阶段施工企业对智慧工地也进行了很多尝试，然而各自对智慧的理解也不尽相同。我们认为智慧工地的重点一定是在工地，并且核心也是由三个中心组成，即物联网技术中心、数据处理中心、智能算法中心。通过物联网技术进行工地现场的数据采集，并对其进行数据处理，最终通过智能算法实现对人、机、料、法、环等各要素的精细化管理。在这里我想着重强调的是，智慧工地的核心不是单一的智能硬件设备，而是通过智能设备的合理组合，实现对有效数据的智能处理，为项目各要素的精细管理提供依据。

第三个是"数字企业"，数字企业与传统的企业信息化有很大差别，传统的信息化管理系统的数据大多是通过填报的方式进行传递，这使得其价值存在很大的局限性。"数字企业"可以与"BIM 建造"和"智慧工地"解决方案的数据进行关联，实现企业管理者对项目真实信息的实时了解，从而保证了决策者可以进行更加深入的战略分析以及对实时数据的展示。

面对变革的浪潮，淘汰的往往是观望者

数字建筑平台理念和愿景很美好，重要的是离落地并不遥远。以施工现场的安全帽为例说明，安全帽是施工人员在工地必不可少的装备，通过在安全帽内装上智能芯片再连接到物联网云端与项目管理相结合，就可以实现整个项目施工人员的智能化管理。施工人员的实名管理信息、所处的位置是否有危险等，都能清晰地显示在终端上，可以全程掌控工地的关键数据，对于岗位效率提升和管理精细化将会有明显提升。所以，数字建筑是一个理念，同样也是行动，可以真正地落实到实际情况中。

在我看来，建筑企业同时也要从战略角度、人员储备、具体政策去落地。如果只是静观数字建筑的发展过程，往往会被变革浪潮所淘汰。如果在新技术变革之际晚一步，或许就意味着机会永远的失之交臂，尤其是领先的建筑企业，在漫长的变革道路上先发优势会愈发明显。若想将数字建筑上升至企业的战略层面，决策者一定要充分正视这场变革一定是"一把手工程"，通过系统设计规避信息孤岛，利用BIM技术去改变生产、商务等部门的思维方式，思考清楚想利用工具去解决何种问题，让系统真正发挥作用的同时，调整业务流程以支撑新的信息化工具。对于施工企业而言，我们可以利用整体规划、分步实施的方式，真正帮助企业实现数字化转型。我相信利用数字化的方式，施工企业的管理必定会更加容易，从而为企业带来更大的效益。

未来已来，如何正确理解建筑工业化和数字化

李晓军

广联达数字建筑业务研究员

　　早在 20 世纪 20 年代，"像造汽车一样造房子"的概念就被法国建筑大师柯布西耶在《走向新建筑》中提出，人们就开始了建筑工业化的思考和探索。和汽车、飞机、船舶等离散型制造业一样，"建筑产品"如何拆解成多个"零件"，经过一系列并不连续的工序的加工最终装配而成，就成了大家理想的生产场景。以日本为例，在 20 世纪 70 年代开始掀起了住宅工业化的热潮。一是在"建筑产品"的结构（即装配建筑）方面，通过大企业联合组建集团企业，设立了工业化住宅的质量管理标准，制定了各种标准规范，发展楼梯单元、储藏单元、厨房单元、浴室单元、室内装修部品构件以及通风体系、主体结构体系。二是在建造的生产流程（精益建造）方面，借鉴丰田汽车的"精益制造"理念，让每一道工序都有标准化的模块。工序式的模块施工中，一个施工段或一层的工作量没有按照流程完成，不允许进入下一个施工段或下一层施工。每一道工序没有按照"零投诉"标准作业，不允许进入下一道工序，从而有效地控制了建筑施工质量。一步步实现其建筑工业化，摆脱了传统的建造模式。

值得注意的是，我国虽然在 20 世纪 80 年代也曾进行过一段时间建筑工业化尝试，但由于长期技术的限制和标准体系建设的缺失，加上我国建筑业一直都是劳动密集型产业，且一直享受廉价劳动力的红利，转型的动机不强。因此，建筑工业化的推动力不强，直到最近几年随着我国经济发展的增长放缓、劳动力成本的提升、绿色环保要求的倒逼效应，再加上人们对美好生活和个性化建筑的需求以及数字科技的冲击，我国的建筑工业化才重新提上了日程。但时过境迁，我们不可能完全按照日本、德国的"循序渐进"的过程，而需要结合当前数字经济的借鉴特征，进行新的发展创新。

数字科技加速建筑业向先进制造业方向演变

"制造业是流动的产品和固定的人来生产，而建筑业则是固定的产品和流动的人员来生产"，建筑业与制造业相比较来看，不同之处在于建筑业具有典型的项目型特征，同时还有建设周期长、资金投入大、项目地点分散、多专业、多关系方、流动性强等特点。这种"分散的市场、分散的生产、分散的管理"的产业特点，大大增加了运营和管理的难度，也致使建筑业很难像制造业一样实现"流水线大规模生产"。无论在"工业化道路"还是"数字化变革"上都与制造业差距较大。对比制造业，建筑业的机械化水平同样存在较大差距。面临着电气化、信息化、智能化的多重"冲击"，故呈现"多期叠加"的表现特征。一方面表现在既有落后的"半手工、半工业的"的建造模式和管理模式，也有基于"BIM+云大物移智"等信息技术催生的企业信息化、数字施工和智慧工地等类似先进制造业的新兴产业形态。

但是随着"BIM+云大物移智"等相关数字科技发展，数字化正在反促进加快建筑业向"工业化"演变，呈现和工业 4.0 等高级形态的趋同性。主要包括：一是产品全生命周期的项目管理理念向建筑业渗透。类似先进制造领域通过系统生命周期管理（SysLm）和产品全生命周期管理（PLM）在建筑业逐步开始步入实践，这主要表现在 BIM 技术的成熟，能够集成建筑生产系统和建筑产品全生命周期管理，并实现三维可视化模拟与表达。二是一些先进制造领域成熟的解决方案向建筑业渗透。如：数字孪生、协同设计、个性定制也开始受到大家重视，并开始在应用实践。三是生产设备的智能互联。先进制造强调把智能控制系统、通信设施通过信息物理系统（CPS）形成一个智能网络，使得产品与生产设备之间、不同的生产设备之间以及数字世界和物理世界之间能够互联。这一点在建筑业的智慧工地建设上也开始得到体现。四是协同制造的形态向建筑业渗透。建筑业生产组织模式也开始出现从"串型结构"向基于 BIM 等平台系统转变，从分析、决策、规划设计、审批、构件生产、智慧建造、智慧应用集成、智慧运维等全生命周期协同的"环形结构"转变。随着科技的发展，建筑数字化将向日益成熟的状态发展，尤其是人工智能、机器人、3D 打印、虚拟现实等的技术的进一步发展，建筑业越来越呈现出和先进制造趋同性趋势。我们不得不惊叹，这不就是制造业想要的工业 4.0 吗？

个性化定制建筑成为可能

数字经济时代，如果问一下人们需要什么样的产品？整体概括起来无非包括以三点：一是极具个性的定制产品。在数字时代，个性诉求将替代共性需求，更多的用户需要符合自身独特个性的产品，同时又能体验到整个产品的设计、生产过程。产品的"供应者"企业的竞争战略应更侧重于与消费者的连接和互动，通过搭建个性化定制化平台来增加用户的参与感，改变品牌企业供应链的组织和运营方式，转而要求实现更灵活、更可靠的柔性生产和交付能力。例如，青岛红领集团开创了服装大规模定制生产的先河。通过运用互联网技术，建成了顾客直接面对制造商的个性化定制平台，在快速收集顾客分散、个性化需求数据的同时，消除了传统中间流通环节导致的信息不对称和种种代理成本，极大降低了交易成本。从而实现了零库存、低投资、高回报率效果，而且增强了客户黏性。二是极高品质的产品。除了设计精巧、加工精细、使用方便和性能可靠等传统指标外，如何融合绿色、健康等设计理念及新型材料，将日益受到人们的追捧。这些年许多企业也在倾注精力打造爆款产品，在产品设计和工艺上绞尽脑汁，积极开发和寻求更绿色、更宜人的新型材料，以获得用户的青睐。三是极致的场景化体验。未来的产品将更加强调构建体验化的数字场景，无论是用户从产品在设计阶段的参与感，还是在购买中的体验过程，还是在实际使用中的分场景适配，用户更注重在体验上流畅与丰富。以上的消费趋势，对于建筑这种"特殊的产品"确实是一个难题，如何积极的改变过去的思维，从新的角度看待问题，并定义建筑就成为一种关键能力。

随着人们对美好生活的追求，传统建筑业已经远远不能满足人们的需求

一是在设计过程中"参与缺失"。建筑的终极用户缺少参与，不能充分按照自己的美化愿望设计自己的生活场景，常常被迫选择市场上已有的"千屋一面"产品。也渴望开发商能根据自己对建筑的需求"量体裁衣"，深度表达自己的诉求，并在实际中展现。

二是消费体验中的"诸多无奈"。购房时的"无奈"以及二次结构拆改和装修带来的安全隐患；设计变更频繁且工程经常返工，难以保障工期和质量，难于规避隐形消费陷阱；同时又无法预见各类隐蔽工程的线路、走向与位置，更难于预判家中设备故障、管线老化等问题，无法提前通知物业及时提供维修服务。

三是生产过程的"环境破坏"。建筑业高消耗、高能耗的问题日益突出。据统计，

目前建筑活动造成的污染约占全部污染的 1/3(40% 左右)，建筑垃圾每年高达数亿吨，建筑业碳排放占全国总排放的 50%。建筑运营过程中造成了大量能源和资源的消耗，约占社会能耗的 1/3(40% 左右)，同时即有建筑中 95% 以上是高耗能建筑。可以说建筑是能耗和碳排放的大户，建筑生产过程也对我们的绿色环境形成巨大的破坏。

四是建筑产品的"问题重重"。由于建筑工程中的层层分包，项目建造过程不透明，难于监管，导致建筑质量出现问题，如：墙体渗水、墙面空鼓、层高缩水等现象普遍存在，这已经成为业内心照不宣的"通病"。甚至很多大宗建筑配套设备、部品难于运行通畅，七分安装，三分维保，如果不注重后期的运营和保护，也会埋下建筑安全的隐患。

随着"BIM+ 云大物移智"等科技的发展，人们未来可以通过数字建筑平台，按照自己的个性化诉求参与协同设计，深度体验未来的建筑理想，并通过数字虚拟生产、数字虚拟施工提前了解到建筑的生产过程，通过虚拟运维提前了解到建筑的各种运维状况，最后再通过工业化的建造方式在物理世界中建造出实体建筑，最终实现个性定制的建筑产品。

建筑业未来构想

畅想未来，我们不妨大胆定义下：如果说手机是人的智能终端，汽车是人类位移工具的话，那建筑就是人类活动的平台和载体，这三个"要素"相互连接，共同编织成我们未来的智能世界。同时它们三者间又相互"跨界融合并向近亲性演绎"，如"汽车是有轮子的建筑""未来汽车是有轮子的手机""建筑是卸掉轮子的汽车""未来建筑是巨型的智能手机"等。这不仅是比喻，更多是真实的现象！对于建筑从业者来说，主动思考并积极寻找彼此之间的相关性，可以有助于我们重新理解建筑和建筑业。可能一觉醒来，你会发现建筑已经不是你眼中的建筑！晓军（建造 3.0 君）大胆提出了以下几个猜想，供大家讨论！

猜想一：明天的建筑可以个性定制。您可以打开手机，安装一个"建筑定制APP"，并戴上 VR 眼镜，您就可以在 BIM 模型上用语音或肢体语言与地产商、施工企业等进行沟通和协同设计，一起打造好包含建筑产品和过程的"全数字化样品"，然后直接就可放入购物车等待着你的建筑产品。

猜想二：明天建筑业将诞生京东和天猫。喜欢了买买买的您这下有福了，在未来房子是"设置了时间编码的组合邮包"，每个邮包就是一个"大小不一的邮包"。当你把"建筑数字样品"放入购物车后，剩下的时间您可以在平台上时不时地看建筑的生产过程，每个建筑"邮包"的位置、相关责任人等等。直到"邮包组合完毕"，您再点一下签收，您的房子就完全交付了。

猜想三：明天建筑将达到工业级品质。随着建筑工艺等技术的发展，未来的建筑产品的品质提升到像手机、飞机、汽车等工业品一样的高质量与高品质。无论是建筑结构、机电安装还是装饰装修等精度都能达到毫米级，真正使建筑产品达到工业级品质。

猜想四：明天建筑是巨型的智能手机。所谓的手机只不过是把建筑缩小数百倍或千倍，同时把功能空间二维化。然后用程序设置了一个"数字应用功能"而已。未来的建筑必然像智能手机一样，每个家具上都连着一个超级 APP，可以检测您的健康情况、可以为提供学习服务、可以为提供数字娱乐等等。

猜想五：明天建筑是智慧生命体。明天的建筑都将有一个智慧大脑，学习主人在建筑的活动习惯和情绪。通过自学，不断优化家居生活，可以根据主人的心情变幻屋内的颜色，成为可感知、会呼吸、有意识、能节能、会管理的"建筑生命体"。

未来已来，只有相信才可以提前看见。建筑是建筑，是 20 世纪前人类的认知；建筑已经不是建筑，是 21 世纪的认知，就让我们打开脑洞畅想一下吧！因为它关乎你我。

施工企业迈向信息化转型现在正是时候

王一力

《新建造》业务研究员

信息技术进一步革新，互联网迅猛发展冲击各行各业，新零售、工业 4.0 等新概念昭示了两化融合。产业信息化转型的大趋势，也给传统施工企业提出了新的挑战和发展方向。

施工企业信息化转型正逢国时

党的十九大报告中，八次提到"互联网"，在经济层面强调贯彻新发展理念，建设现代化经济体系。深化供给侧结构性改革，推动互联网、大数据、人工智能和实体经济深度融合，将推动信息化发展上升至国家发展理念，且渗透到各行各业各领域。

在 2018 年的政府工作报告中再次强调做大做强新兴产业集群，实施大数据发展行动，加强新一代人工智能研发应用，在多领域推进"互联网+"。运用新技术、新业态、新模式，大力改造提升传统产业。信息化广泛融入各行各业重塑经济增长点、改革生产生活方式。面对新常态下的全行业转型浪潮，建筑施工行业作为国民经济支柱产业，担当未来转型升级之重责。而建筑施工行业信息化普及率低，企业信息化程度低的现状，也促使其不能置身事外。

施工企业信息化转型正逢行业之时

（一）生存压力打开施工业窗口期

在新常态下，建筑行业面临着新的发展形势和一个既严峻又亟待解决的问题——大蛋糕小甜头。2018 年 1 月，国家统计局公布了 2017 年全国经济运行情况。经核算 2018 年 GDP 827122 亿元，而全国建筑业总产值达 213954 亿元，同比增长 10.5%。作为国民支柱产业，建筑业产值占国内生产总值比近 26%，是名副其实的"大蛋糕"。

尽管总产值惊人，但落到具体的施工企业的利润却没有相应的大甜头。据相关媒体统计，2018 年有 37 家建筑企业净利润达到了 10 亿元以上，不过这些企业大部分分布在实力雄厚的央企。据统计我国建筑业产值利润率较低仅为 1% ~ 3%，这样的利润率如同悬在更多传统施工企业头上的达摩克利斯之剑，使之面临一种滑坡的危机焦虑，主观上对提升建筑业产值利润率的需求非常迫切。

不过"危"与"机"总是辩证存在的，险境迫使反思，反思促进转型，建筑行业正站在借信息化浪潮走向精细化集约化的窗口期。

（二）信息技术集成化平台化趋势有效拉动

信息化自身的发展在政策的推动下从典型的技术驱动发展模式向应用驱动与技术驱动相结合的模式转变。信息技术高速度大容量智能化，尤其是以行业应用为基础的综合领域应用模型（算法）、云计算、大数据分析、海量存储、信息安全、依托移动互联的集成化平台化趋势，为建筑业的信息化转型提供了强有力的智力和技术支持。

国家"十三五"规划纲要中，培育人工智能、移动智能终端、第五代移动通信(5G)、先进传感器等成为新一代信息技术产业创新重点，为信息产业的发展提供了政策保障。同时信息技术行业的竞争发展，促使转型成本降低，有效拉动施工企业信息化的发展进程。

施工企业启动信息化转型的原因是什么

建筑行业在长久以来都处于产业链长、管理粗放的状态，层层分包导致的管理不集中及其衍生出来的成本管控不严、资源配置不合理、信息流不畅、企业标准难以统一等很多方面既拖慢了企业管理运营效率，同时也是企业利润率低的重要原因，甚至制约着整个行业的发展。

据调查，通过应用信息技术，英国建筑业 5 年内节省 30% 建设项目成本，而美国可节约 30% ~ 35%，国际经验表明信息化手段是提高集约化管理、降低项目成本的重要途径。

目前一些国内施工企业尤其是龙头企业，已经开始通过信息化技术打造自身核心竞争力。首先这些企业在组织架构上就十分重视，在中建、中铁、中铁建、中交等排头企业的官方网站中可以明晰的看到集团层面已经设立了科技与信息化管理部门或技术中心，主导企业信息化转型工作的展开。另外，龙头企业们经过多年的信息化建设均在实践层面上几乎都涵盖了包括人力、财务、商务合约、行政等公司内部管理，和包括勘察、设计、施工、后期运维等方面的项目管理。

故而，利用信息化手段提升项目管理水平成为目前世界范围内建筑产业进行产业转型升级，提升企业利润率，保持企业可持续发展的重要手段。

信息化如何驱动施工企业提升管理水平

上文我们看到信息化转型给施工企业带来的转变，那么信息化具体是通过怎样的操作来驱动施工企业提升管理水平的呢？这可以从两个方面来总结：通过建立以项目管理和办公系统为依托的信息化平台，纵向打通企业职能线，为管理层和决策者提供直观、及时、全面、真实的项目数据统计平台，快速了解项目信息和整个公司的运营状况，及时决策。横向打通工程、物资设备、技术、合约成本、质量等具体业务线。这使企业管理达到规范化、流程化、精细化，完成企业集约化经营实现"多、快、好、省"。

多：工程项目是施工企业的基本工作单元，通过展开项目工作才能获得收入从而形成企业利润。一个具有一定规模的施工企业，往往是多项目同时进行的，通过信息化平台，将多个项目的信息流打通，完成经验的互相借鉴、资源的合理调配和平衡。

快：优化公司的管理流程，通过灵活的流程定义平台疏通合同、收入、物资、成本等业务线的管理，使各环节职责更为清晰和合理，打破传统企业部门驳杂人员冗余，互相踢皮球责任不清的状态，使得公司管理流程简洁化、实用化，提升管理效率。同时也可以对项目进度安全进行监控管理，保证项目节点。

好：通过信息系统，不仅项目进度受到管控，项目质量监管也更直观更到位。

基于大数据的工艺工法库和技术方案打破传统施工企业由于产业工人素质水平、理解能力低产生的制约，弥补传统技术缺陷。

省：信息化带来集中管理企业招采、优化资源配置、降低成本数据透明，组织机构扁平化减少各环节人力投入，领导层审批的移动化线上操作在一定程度上减少了企业运营成本投入，从而更好地实现集约化经营。

在企业信息化系统中，可以做到业务开展前有计划、有预估，开展中有监测、有预警、有反馈、有调整，开展后有核实、有评估。在企业信息化平台各个环节的运行当中，各项经济指标的积累成为企业的无形资产，人机料的消耗指标、成本指标、分包数据形成的数据库为以后的项目展开提供了不断更新成长的新鲜经验，辅助决策。

施工企业的信息化转型，打通各层级各业务数据流，不同层级间沟通更加顺畅，构建了一个透明、受控的管理体系，形成更清晰的战略实施过程，满足高执行力的组织建设需求，有力支撑企业和项目的高效运营，提高施工企业竞争力，为企业的持续健康发展奠定坚实基础。值得注意的是施工企业向信息化转型势在必行，但不能囿于在行业排头、巨型企业中进行，中小型施工企业同样也应该成为信息化转型的参与者和受益者。

施工企业该如何建立符合自身需求的集采系统

穆洪星

广联达科技股份有限公司副总裁

"是不是买一瓶矿泉水都得走集采？"这是很多企业在推广集中采购过程中，经常会被一线的采购经理反问的一个问题。这个问题很容易把负责推进集采的负责人给问住，类似的问题还有：这么多的审批，领导又经常不在，耽误了工期怎么办？买个安全帽得填一堆的申请，公司现在太官僚了！集采的东西还不如自己买便宜，走流程还耽误事儿等！要回答这些问题，需要明确为什么要做集中采购、什么条件下进行集中采购、怎么进行集中采购。

三种以量换价的方式

集中采购的本质是以量换价，通过聚集采购需求量来换取议价权。对于建筑施工企业来说，60% 以上的钱用于采购，采购省下来的都是净利润。数据显示，采购成本每降低 1%，企业的利润率将增长 5% ~ 10%。建筑施工企业常常通过三种方式来以量换价。

以时间换量：将一个工程施工全过程的物资打包来和供应商进行谈判，常常在大宗物资上会采用这种方式，例如钢材。由于项目的整个施工过程位置不会变，因此选择一个合适的战略供应商，能够有效降低价格、减少过程中的采购管理成本。

多项目聚量：常常发生在同一企业内，将所有的项目部所需的物资进行打包，统一谈判。这也是施工企业集中采购最常使用的方式。由于所属同一公司，存在以下集中聚量的前提条件：行政力量，促使机制和流程落地；同根同源，具备天然的相互信任基础；规章一致，具备一致的管理方式和信息化基础；总部兜底，更能赢得外部金融机构和供应商的参与。在具体的操作过程中，也存在几种不同的做法，例如管控型是通过总部机关部门来强管控；物贸型是通过一个物贸物流公司来代理；服务型是例如中建做得非常成功的区域联合采购。

跨企业聚量：目前行业中有一些企业尝试聚合不同的建筑企业的采购需求，来获得对供应商的议价权。常见的做法如合资企业型，通过几家企业共同注册一家公司，来实现多家不同企业的联合体；三方平台型，通过建立第三方的平台，来吸引采购方和供应商的上线；供方主导型，由供应商或者代理供应商的第三方来针对产品发起类似消费者电商的团购，例如找钢网。跨企业的聚量，由于是完全的市场行为，所以将面临相对更大的挑战。

卖方模式与买方模式

在帮助施工企业进行采购流程再造和企业集采与电商平台建设过程中，我们发现很多企业喜欢和消费者电商进行对标。在深入分析垂直行业电商和消费者电商的差异之后，我们认为其中最大的差异在于模式的差异：消费者电商更多采用卖方模式，而建筑施工企业更多是买方模式。

卖方模式最大的特点是货架方式，供应商将产品放到货架上，采购方挑选合适的产品。例如京东和淘宝，在这一点上是一致的。买方模式最大的特点是需求驱动，采购方提出采购需求，供应商进行响应。如果一定要参照消费者电商找类似的模式，那么可以参考赶集网或者猪八戒网。如果不能识别这种本质的差异，而盲目照搬京东或者阿里，建设之路必然坎坷，目前在建筑施工领域没有成功的商城应用，原因也在于此。

施工企业大部分采取的是买方模式，原因主要有以下几点：施工企业相对供应商在供应链上更强势；项目的独特性造成了采购标的物往往是非标的、定制化程度高的；和消费者电商的冲动消费相比，企业采购更偏理性行为，因此往往采取集体决策、投标方式；施工企业选择供应商要重于选择产品，重要的一个原因是履约过程要漫长且复杂；施工阶段专业性强，通过简单的产品描述很难做出有效判断。

效率与效益是衡量采用何种采购方式的判断依据

回到开始的问题，买一瓶矿泉水是否需要走集采过程呢？针对这个问题，不同企业有不同的做法：一些企业强制要求所有采购都必须在线上进行，采用招投标方式，甚至对公开招标的比例做了限制；一些企业制定集采名录，在集采名录里面的必须要进行集中采购，其他的可以自行决定；一些企业划定集采比例，哪些需要集采哪些不需要集采自行决定，但集采总金额必须超过集采比例线；一些企业划定黑白名单，其中在白名单里面的可以直接询价采购，不需要走招投标的过程。

这些原则和规则的背后有很多的因素，包括大宗与零星、低频与高频、耐消与快消、标品与非标等。追根溯源，我们认为最本质的因素是效率优先与效益优先。如果一种采购属于效益优先，例如购买10台挖掘机，通过集采能够极大降低成本，可以牺牲过程效率，则适合采用集采方式；如果一种采购属于效率优先，例如购买20个安全帽，集采降本效果有限，却极大降低了采购效率，则更适合类似商城方式采购。买一瓶矿泉水是否需要走集采过程，答案不言而喻。

平衡效率和效益的案例

在我们合作过的施工企业中，有一家省级建工企业采用三级采购方式，取得了良好的效果。该企业没有盲目一刀切，也没有完全将采购权限下放，而是将采购标的物分成了三类：

一级采购：战略物资和大宗物资，列入集采名录，要求除甲供和一定比例的自采外，必须通过集团成立的集采公司来进行采购，从而实现以量换价，降低成本；二级采购：其他大部分物资由需求方（例如项目部）自行采购，平台给予供应商、采购过程的赋能；三级采购：针对办公用品、耗材、劳保用品、差旅服务等，通过建设企业商城外接合格供应商，备案而非审批方式，效率优先，集中控价。经过分类分层之后，企业极大兼顾了效率和效益，从而获得了最优解。

新形势下施工企业项目管理系统的发展方向在哪里

易钰

广联达施工企业项目管理系统产品总监

近年来，信息技术革命风起云涌，BIM、云计算、大数据、物联网、移动互联网、人工智能等新技术迅猛发展，冲击到各行各业。市场上很多新的与施工管理相关的信息技术应用应运而生，如 BIM 建造、智慧工地、智能安全帽等等。这些新兴的信息化产品，适应了时代的发展，为施工项目的精细管理创造了新的价值，得到了众多施工企业的关注。

而另一方面，施工企业的特级资质考评中，已经去掉了信息化考评指标，本来为了"过特"而上的项目管理系统，并没有真正提升企业的项目管理水平，反而是个累赘，一直被企业诟病。

在这种双面夹击的情况下，传统的项目管理系统是否已经到了衰退期，是否已经不用再上线了？新形势下施工企业项目管理系统的发展方向在哪里？

技术创新和业务创新带来新发展

根据产品生命周期理论，一款产品从投入市场到更新换代和退出市场会经历：导入期、成长期、成熟期、饱和期、衰退期。对施工企业项目管理系统来说，经过特级资质信息化考评的助推以及十几年的信息化应用普及，其在特级企业中信息化管理应用的覆盖率非常高，在一级企业中也有不少信息化意识强的先锋型客户应用了项目管理系统。从项目管理系统企业应用数量、覆盖内部业务情况上来说，该产品应该到了成熟期。但是从应用效果上来说，部分企业一直在积极推进项目管理系统的深化应用，但因系统庞大、业务管理不规范等原因，也有部分企业仅把项目管理系统用成了一个"协同平台"，甚至部分企业过特后就完全搁置。

积极探索的企业，结合信息技术的发展探索其在施工精细化管理的应用，在效果与效益上收获颇丰。住房城乡建设部在《2016 ~ 2020 年建筑业信息化发展纲要》中明确提出："建筑企业应积极探索'互联网 +'形势下管理、生产的新模式，深入研究 BIM、物联网等技术的创新应用，创新商业模式，增强核心竞争力，实现跨越式发展"。产品的改进，也像企业的创新改进一样，当一款信息化产品引入了技术创新或业务创新后，为原有产品体系注入新的活力，信息系统又会进入新一轮的生命周期循环。

因此，国家信息化发展纲要明确建议施工企业应积极推进管理信息系统的升级换代，有条件的企业应研究 BIM 应用条件下的施工管理模式和协同工作机制，建立基于 BIM 的项目管理信息系统；同时还应推进企业管理信息系统中项目业务管理和财务管理的深度集成，实现业务财务管理一体化。

互联互通，应用一体化

由于顶层设计缺失，原有技术体系、应用管理历史等问题，目前企业管理信息化普遍存在碎片化应用、信息孤岛情况，信息系统之间数据不关联、信息不共享，导致有的数据需要重复录入或者数据缺失，无法形成企业整体的数据资产。

另一方面，随着新技术如移动应用、物联网技术的飞速发展，如果能变人工填报方式为智能采集模式，不仅可以提升内部工作效率，又能保障数据的准确性。

因此，只有实现企业管理信息化的互联互通，才能真正实现业务应用一体化，提升企业运营管理效率。传统的企业管理信息化互联互通包括企业与项目互通、部门之间互通、业务之间互通等。相对而言，新形势下企业管理信息化的互联互通主要包括以下四个方面：

第一，项目管理与项目现场工地的互联互通。传统项目管理系统的应用困境来自于一线工程现场业务数据的采集问题。传统方式主要使用数据填报，人工重复填报不能实现自动采集，数据的准确性、及时性都无法保障。因此，要实现项目管理与项目现场工地的互联互通，应用物联网技术提升数据采集的自动化程度，将自动化采集的数据传递到项目管理系统中做后续业务环节。例如，对钢筋和混凝土，工地现场地磅系统自动过磅后，根据称重偏差范围判断收料数量取理论重量还是实际重量，此收料数量自动传递项目管理系统中，为后续办理采购结算提供数据支撑；手持终端扫码，进行物料的验收登记等；业务过程数据采集自动化程度提升，也避免人工再次修改，保障数据的准确、及时。

第二，BIM 与 PM 的互联互通。现在 BIM 技术已经实现了施工全过程管理的可视化、可量化、可管理、可协同，以 BIM 模型为核心，把进度、成本、技术、质量、安全等数据都关联到 BIM 模型上，为项目精细化管理的落地提供了技术手段。BIM 系统注重于施工过程精细化，PM 系统注重于结果流程化。BIM+PM 则实现优势互补，形成"过程＋结果"的数据整合，实现模型化经营管控、应用互通的集成管理平台。不仅减少用户的重复工作量，而且使填报的数据更加可靠、准确、有据可查，实现系统应用价值最大化。例如，原来项目上编制材料计划有的是凭经验估算，有的是依据图纸上人为手工计算的，计算不够准确；现在 BIM+PM 则可以按 BIM 模型的单体、楼层或构件直接提取模型的物资量同步到 PM 系统的材料计划中，并且在 BIM 中关联进度计划后，可以自动提取下个月或下一周进度任务中所涉及材料的模型量，实现更精细化的管理。

第三，业务与财务的互联互通。目前财务部门都是根据业务部门提交的业务单据来做相应的财务凭证，而且根据财务核算的严谨性要求，做账时必须账实、票证合一，即相关成本归集应与业务实际相符，各种凭证齐全，而工程项目由于点多面广，涉及的成本、资金数据众多，也涉及业务部门和财务部门如何工作协同的问题。因此在实现了业务与财务的互联互通后，对于成本数据，所有工程实体费用在业务系统中发生并审核确认后，能自动传递到财务系统，在财务系统中根据会计准则要求生成相应的财务凭证。对于资金数据，在业务系统中完成付款申请的审核确认后，自动传到资金系统中进行后续的网银支付，支付成功后给业务系统回传支付结果。这样可以有效提升项目成本数据归集的质量和效率，实现动态、实时的业务财务一体化。

第四，内部与外部的互联互通。工程项目涉及的上下游产业链包括建设方、施工方、监理方，以及供应商等多个主体。多方的沟通协同存在一些信息壁垒，需要充分发挥互联网思维，用"互联网+"的手段，实现内部与外部的快速沟通协作以及项目信息与资料的共享，最终提升各方协同办公的效率。例如，企业的集中采购可以通过电子商务平台，让企业快速找到合适的供应商，也能让供应商快速找到要招标的项目，保证内部与外部的互联互通，从而实现资源共享合作共赢。与监理方、建设方进行变更的评估、监督的改进等，实现监管方的信息共享与信息传递。

大数据应用，创造数据价值

传统的项目管理系统，已经在业务流程在线化、数据标准化、表单在线化、台账自动化相对成熟，已经从粗放式管理向精细化管理迈出了一大步。行业信息化建设标杆企业已经做到了系统顶层设计架构科学合理，探索实现企业线上运营平台和管控平台的融合。但是在互联网技术飞速发展下，就像马云说的"人类正从 IT（信息技术）时代走向 DT（数据技术）时代"一样，数据才是企业的核心。企业利用大数据，可以更加敏锐地感知周边的变化，更加深邃地洞察客户以及合作伙伴们的行为和变化趋势，更加精准地优化企业的运营。

有人说大数据离我们施工企业太遥远了，我只有企业自身的数据，还达不到海量数据，也没有产业大数据，如何进行大数据应用呢？大数据的价值在于业务分析与应用，面对当下的施工企业，可以从三个方面来用大数据创造数据价值：

一是大数据应用辅助决策：当前，企业管理者还是更多依赖个人经验和手工报表做决策，这种情况下信息有限，获取成本高，在大数据时代，就必须要让数据说话。每个企业或多或少都上了一些信息化系统，如财务系统、项目管理系统、OA 系统以及智慧工地系统、BIM 系统等。其实这些系统中已经涵盖了企业的核心业务数据，如果把企业的所有数据进行收集、加工、整理，把当前的数据和历史数据对接，把现在的数据和企业的战略指标关联起来，把面向业务的数据转换成面向管理的数据，同时用各种丰富图表的展现方式，辅助于领导层的决策，真正实现从数据到知识的转变，实现企业的商业智能化。

二是大数据挖掘管理潜力：施工项目是企业经营管理的核心，而成本管理是施工项目管理的头等大事，如何能减少整个项目运营、生产、经营过程中的人、财、物等资源的不必要损耗和浪费，通过成本控制，从而获得较高收益呢？这就需要借助于以大数据为手段的信息化手段，不断收集企业内部的定额数据，包括企业生产经营活动中对人力、物力、财力的配备、利用和消耗以及应达到的水平。通过数据提取、数据清洗、数据识别和匹配、数据归类和整合，最终形成动态的企业定额库。目前各行各业的管理决策正在从"业务驱动"向"数据驱动"转变，从企业战略出发，利用大数据，充分挖掘其数据价值，最终提升企业的管理潜力和竞争优势。

三是大数据催生服务的创新：凡是信息不对称的领域，都可以通过大数据孵化出新的业务。在大数据时代，以利用数据价值为核心，新型商业模式正在不断涌现。以个人金融模式为例，蚂蚁金服基于海量的客户信用数据和行为数据，建立了网络数据模型和信用体系，打破了传统的金融模式，使贷款不再需要抵押品和担保，而仅依赖于数据，就能使个人迅速获得所需资金。同样，在施工领域，也催生了供应链金融服务，依据项目业务数据用于风控模型，在此基础上进行应付账款融资，不仅可以把企业多年沉淀的优质数据资产盘活，还可以有效帮助企业解决融资成本高、融资难、融资渠道窄的难题，这是充分利用数据资产进行供应商金融的创新，也是互联网技术在建筑产业上带来的创新。

结语

时代在进步，社会在发展，随着信息技术的不断发展，项目管理系统急需从"高大上"的高端应用，向更接地气的刚需应用进行转变。就像计价软件让预算员甩掉计算器一样，项目管理系统也必将让手工签字审批单据、手工编制报表成为过去。本文从传统项目管理的建设应用痛点出发，探索了互联网大潮下企业信息化系统建设的诉求及大数据应用的方向。相信在新形势下，项目管理系统必将结合以上探索的方向，与时俱进，不断升级换代，以更智能、更快捷的方式服务于客户企业。

广联达施工企业项目管理解决方案，基于广联达自主知识产权的T6平台研发，覆盖从项目立项、招投标、施工过程管理、竣工收尾阶段等项目施工建造全生命期业务，横向关联协同办公系统、集采系统、财务系统等多业务子系统数据，纵向贯通项目现场智慧工地、BIM应用，智能采集成本数据，协助施工企业"打通任督二脉"，做企业的"数字助手"，协助企业"管理好项目、服务好项目"，做信息技术时代下企业深化经营管理的数字基石。

工地 = 大型流水线，将迎来建筑业的工业革命

蒋艺

《新建造》编辑部主任

我们设想这样的场景，一座建筑的建设过程中，工地上没有工人，所有的构件都在工厂加工完成，项目负责人只需根据建设需要向建筑材料工厂下发供货订单，工厂负责按时保质地生产，并且按部就班地将构件运送到工地现场。现场人员利用智能的大型流水线安装设备有序地完成整个项目的拼装工作。这样既缩短了施工工期，又节省了劳务人员，同时还保证了工程达到更高的品质。

建筑业的"工业革命"正逢时

18 世纪时的英国，随着国内市场的不断扩大和海外贸易的积极发展，工场手工业的生产方式已经不能满足市场的需要，这就对工场手工业提出了技术改革的要求。在这种趋势下，一场生产手段的革命呼之欲出，工业革命就首先在英国发展起来了。从生产技术方面来说，它使机器代替了手工劳动；工厂代替了手工工场，这种生产方式的转变带来了整个行业的升级。工业革命创造了巨大生产力，使社会面貌发生

了翻天覆地的变化，并且也带来了一场深刻的社会关系的变革。

建筑业一直以来都是国民经济的支柱产业，对国家宏观经济影响举足轻重。但随着行业劳动力成本的不断飙升和利润率的持续下行，建筑施工行业高速发展的现状与相对落后的管理之间的矛盾日益突出。现阶段，我国建设行业的整体利润率相对低下，行业平均利润率仅停留在1%～3%的水平；劳务人员的用工成本不断上涨，并且呈现工人"老龄化"的趋势；再加之传统的施工流程也在很大程度上对城市环境造成严重的污染与破坏，传统的建造模式已经不再符合可持续发展的需要，诸如此类的因素都迫使建设行业进入了转型升级的倒计时阶段。此刻，建筑业需要面临自己的"工业革命"！

由于建筑不同于产品，生产完成后无法进行运送，这就造成了拼装过程必须在施工现场完成。那么建筑在工业化生产就产生了工厂和施工现场两个地点。建设行业的工业化发展就要将工厂生产和现场施工进行的一体化体系融合，形成同时适应于工厂生产与现场施工相关环节的"数字生产线"。并通过智慧调度系统充分链接工厂与施工现场，以现场工业化施工驱动工厂工业化生产。由于生产过程都可以转移到工厂完成，使得建设过程的节能、环保、提质和增效得以实现，最终实现全产业链协同与柔性生产的"厂场一体化"体系。

"厂场一体化"的五个重要环节

和搭乐高一样，建筑的厂场一体化是将所有构件在工厂预制完成，然后运到施工现场进行组装。组装不只是"搭"，预制构件运到施工现场后，会进行钢筋混凝土的搭接和浇筑，以保障拼装建筑的安全性。这类型建筑主要由五个重要环节组成，以此保证制造过程的顺利进行。

设计数字化样品：在生产预制构件之前，首先要将 BIM 设计模型的数字化建筑按照施工和生产要求，进行充分解构，这是第一步。只有完成达到工业级别并进行合理解构形成适合生产加工的数字化样品，才能交予工厂进行实体生产并在拼装过程中指导施工，同时数字化样品的数据信息也为后续进行建造全过程的生产、运输和施工的智慧调度做准备。

智慧平台的指挥调度：工期不等人，项目一旦开工就需要工厂及时向施工现场提供预制构件。在建造准备阶段，智慧调度系统基于客户个性化需求，快速实现对工厂产能、项目现场资源的模拟试算，并自动进行任务智能排程，自动生成相关联的生产、运输、施工任务，并按任务之间的搭接关系，分发给相关单位和责任人。

工厂的工业级作业：施工现场管理人员通过工序级末位计划驱动现场的流水化作业，并联动工厂工业化的生产线，分析工厂物料、模具等资源，智能进行排产和生产调度，并生成物料采购计划、备料清单等。基于 BIM 模型，加工数据可无缝传递到数字化加工设备，例如数控机床、3D 打印机等，进行自动化的数字加工和柔性生产。各个工厂的生产进度及生产状况都实时反馈到智慧调度系统，智能分析判断是否需要调整生产计划和资源配置。

解决构件的物流运输环节：施工现场与预制工厂往往都不是在同一位置，那么及时准确地将构件送到施工现场的这一环节就尤为重要了。物流调度任务由智慧调度系统根据工厂、施工现场需求自动生成合理运输方案，并将运输任务发送给相关的运输单位。一方面要保障及时运到场，另一方面要保障构件到场顺序满足施工要求，实现运输产能最大化。运输单位在进行装车时，通过扫描内嵌构件中的 RFID 或电子标签，对运输物品进行识别和确认。通过平台对构件或材料的运送过程进行全时跟踪，实时获取运输车辆位置及运输物品动态信息，对运输过程中可能出现和已经出现的状况进行及时分析与预测，并及时调整方案或启动应急预案，保障施工现场不受影响。

施工现场的流水线作业：与预制工厂相同，施工现场作业也是工业化流水线作业，现场施工作业以任务包的形式由平台的智能调度系统进行统一管理，并基于标准化工艺工法进行流水化作业。构件、部品部件送达现场后，通过智能设备进行进场检验，并及时反馈给施工作业人员。施工过程通过智能机械设备，甚至是机器人进行现场装配与施工作业。现场施工装配完成后，完成情况不仅会反馈到智慧调度系统，同时还会由智慧调度系统分析判断是否对后续的生产、运输、安装工作计划进行优化，从而形成从构件、部品部件的生产、运输到施工交付的闭环控制，实现"厂场联动"。

与制造业相比，建筑的建造过程周期长、单体成本高、过程相对复杂，传统的建造方式在生产效率、成本控制、产品质量等方面与制作业都存在着巨大的差距。所以说我们可以预见，建设行业生产方式的转型必将向制造业的方向靠拢，厂场一体化或将成为产业升级的内生动力和发展趋势。

如何撬动建筑施工安全作为推动建筑业体制机制改革的切入点

陈大伟

国务院安委会专家咨询委员会建筑施工专业委员会委员

建筑业是我国国民经济的支柱产业，经过 30 多年的改革发展，建筑业的建造能力不断增强，产业规模不断扩大，到 2017 年，全国建筑业总产值达 21.40 万亿元，建筑业增加值达 5.57 万亿元，占国内生产总值的 6.73%。但也要看到，建筑业仍然"大而不强"，监管体制机制不健全、工程建设组织方式落后、建筑设计水平有待提高、质量安全事故时有发生、市场违法违规行为较多、企业核心竞争力不强、工人技能素质偏低等问题较为突出。

这些问题严重制约影响了建筑业的持续健康发展。为解决上述问题，国务院办公厅印发了《国务院办公厅关于促进建筑业持续健康发展的意见》（国办发［2017］19 号），这是建筑业改革发展的顶层设计，从深化建筑业简政放权改革、完善工程建设组织模式、加强工程质量安全管理、优化建筑市场环境、提高从业人员素质、推进建筑产业现代化和价款建筑业企业"走出去"七个方面对建筑业发展提出了具体要求。纵观这七个方面的具体措施，除了工程质量安全方面外，其他六个方面也都在一定程度上给建筑工程质量安全带来直接或间接的影响。在近期召开的全国城乡建设工作会议上，建筑施工安全被明确提出作为我国建筑业体制机制改革的切入点。本文将结合这一背景，对未来如何撬动好建筑施工安全这个切入点，从而更好地推动建筑业体制机制改革，谈一下本人的思考。

当前建筑业安全生产形势及原因分析

近日，国务院安委办通报全国建筑业安全生产形势。通报显示，建筑事故总量持续保持在高位，事故总量已连续 9 年排在工矿商贸事故第一位，事故起数和死亡人数自 2016 年起连续"双上升"。在较大事故方面，房屋建筑及市政工程领域的较大事故占比最大，其余依次是交通建设工程和电力建设工程领域。在事故类型方面，高处坠落和坍塌是建筑业事故主要类型，在一般事故中，高处坠落事故占全部事故总数的 48.2%，物体打击占 13.6%；在较大事故中，坍塌事故起数占总数的 45.1%。

造成当前建筑业形势严峻和情况复杂的原因中，既有长期困扰我国建筑业而一直未能解决的"老问题"，又有由于我国经济社会发展进入"新常态"而带来的"新问题"。"老问题"没有解决，加上"新问题"的出现，从而导致了我国当前建筑业安全生产形势如此严峻和复杂的局面。

首先，多年来一直未能解决的"老问题"归纳起来主要体现在以下几个方面：

一是建设工程各方主体安全责任不能有效落实。首先，建设单位违法基本建设程序，招投标环节忽视安全，安全费用投入不足，要求施工单位垫资、抢工期现象仍然普遍存在；其次，施工企业安全管理能力严重不足，安全管理基础薄弱，安全投入和安全管理人员配备不能满足施工企业安全生产的需要；最后，监理单位不能认真履行安全监管职责，勘察、设计单位对工程前期安全因素重视程度不够，对施工阶段安全考虑不足。

二是施工现场安全管理混乱，总包单位对分包队伍管理松懈，施工现场违法违规现象严重，安全技术交底效果差，农民工未经培训或培训不到位、不合格就进入施工现场从事施工作业，特种作业人员没有资格证书，设备租赁单位无安全保障技术措施。

三是建筑市场不规范，违法分包、非法转包、挂靠等现象仍然大量存在，尤其一些低水平、低素质甚至无资质施工企业和队伍进入建筑市场。

四是政府安全监管不到位，缺位情况严重。由于安全监管职责界定不清，对一些新业态的行业领域安全监管存在盲区，安全监管过分依赖行政手段，事故调查水平不高，事故处罚不够科学，诚信体系建设不完善。

以上是对"老问题"的归纳分析。对造成目前我国建筑业形势严峻和情况复杂的"新问题"进行分析，主要体现在以下几个方面：

一是近年来建筑业持续保持高速增长势头，工程建设规模不断扩大，工程项目愈加复杂，造价低、投入大、协调难、技术新、标准高、工期短、风险高是施工企业面临的新挑战，而目前绝大多数施工企业的管理能力、技术力量、机械装备、施工队伍、资金储备等与快速发展的建筑业无法相匹配，也不适应工程建设的技术要求，使建筑业呈现出当前如此严峻和复杂的局面。

二是面对建筑业规模的不断扩大，传统的、单一的、落后的安全监管方式已经无法完全覆盖监管范围和新形势的需要，对一些行业领域的监管存在盲区、死角和漏洞。作为政府安全监管的重要职能和手段的事故调查工作，存在不规范、干扰多、专业缺、效果差等突出问题，对于事故原因的界定不够科学，事故责任划分不够合理，事故惩戒力度过轻，违法违规成本低，致使违法违规行为频发。对于市场经济的规律和政府监管手段没有深入研究，信息化管理手段在安全监管中的应用程度明显不高，监管效率低下。

三是近年来随着建筑业新技术、新工艺、新装备、新工法的不断涌现，相对应的技术标准、规程、规范等严重缺失，处于空白状态；一些行业领域的技术标准相互重叠、冲突，甚至一些技术标准已经过时仍未修订，在实际中仍然在使用，造成相当大的一部分事故发生。

四是建筑施工企业"两极分化"现象开始明显。一些大型中央施工企业、地方国有重点施工企业和一些大型民营施工企业在建筑业高速发展中，安全管理能力明显提升，取得了很好的安全业绩；而量大面广的中小施工企业为了在市场竞争中生存，不得不以牺牲安全为代价，安全责任得不到落实，安全投入不足、安全管理基础薄弱，导致伤亡事故不断发生。

我国建筑施工安全监管体制机制现状

我国建筑安全监管体系经过多年的建设取得了很大成效，目前已经制定出台了以《建筑法》为基础的"三法四条例"和其他各项制度构成的建筑安全法律法规体系框架，形成了包括监督执法、层级监督、项目安全监督备案、事故查处督报和其他专项活动在内的建筑安全监管机制，确立了我国综合监管与行业监管相结合、统一监管与专业监管相结合、层级指导与属地监管相结合的建筑安全监管体制。虽然我国目前的建筑安全监管体系在实践中起到了很好的事故预防效果，但是深入分析目前的建筑安全生产形势和事故原因可以发现，目前的建筑安全监管无论在监管目标的定位、监管策略的选择，还是监管体制与机制上，都存在诸多问题。

（一）安全监管目标与策略模糊

我国建筑安全监管工作基本上围绕保障人员施工安全的目标展开，但一些地方政府和企业仍然存在盲目追求经济发展速度的现象，当安全与经济发展出现矛盾的时候，对人的生命保护就被忽视，也正是由于目标定位模糊不清，导致安全监管策略选择出现偏差，实践中建筑安全监督机构工作内容不明确，对施工企业监管过重而忽视其他主体，监管手段与方式落后，监管效能低，且易遭受外部干扰，事故瞒报、漏报现象屡禁不止。

（二）主体责任分配不合理

《建设工程安全生产管理条例》明确了施工单位、建设单位、监理单位、设计和勘察五方主体承担相应的安全责任，这种高度分散的责任体系造成政府部门监管对象多元，不能有效集中资源，市场主体之间的相互扯皮也使得政府部门监管疲于应付，监管效率大打折扣。同时，对部分市场主体安全责任的规定可操作性不强，如规定建设单位要保证合理工期和造价等规定难以有效落实，这给市场主体推脱并逃避责任提供了空间。

（三）监管部门职责交叉

目前，我国实行的综合监管与行业监管相结合、统一监管与专业监管相结合、层级指导与属地监管相结合的建筑施工安全监管体制，上述监管体制看似清晰，但在实际运行过程中出现了一些问题。

首先，目前的应急管理部门（原安监部门）综合监管职责界定不清。《安全生产法》确定安监部门承担综合监管职责，其主要目的应是发挥对安全生产资源统一管理作用，同时协调支持各部门依法履行各自的安全监管职责。但在建筑安全监管领域，这两大作用效果并不明显。安监部门在实际工作中并没有合理考虑建筑安全监管工作需要，同时在部门协调方面积极作用也十分有限。其次，受限于部门间的职责分工，住房城乡建设部对建筑安全的统一监管仅限于政策制定和资质资格管理，而对铁路、交通、电力等行业的施工过程根本无法进行有效监管，无法做到真正意义上的统一监管。目前建筑安全监管行业分隔的状况，既给企业带来了更多负担，也增加了政府部门监管成本，影响监管效能。

（四）监管机构性质不明确

《建设工程安全生产管理条例》规定了住房城乡建设部门可以将施工现场的监督检查委托给建筑施工安全监督机构具体实施。目前，不仅承担了施工现场监督检查工作，还部分承担了行政许可、行政执法等工作的具体实施。但目前建筑施工安全监督人员人均监督面积过大，全国还有40%左右的建筑施工安全监督机构没有纳入同级财政预算，工作经费得不到保障，同时严厉的问责制泛化导致人员队伍不稳定。产生上述问题的重要原因之一，就是目前监督机构的性质不明确所造成的。

（五）监管手段不够科学

面对建筑业规模的不断扩大，传统的、单一的、落后的安全监管方式已经无法完全覆盖监管范围和新形势的需要，对一些建筑行业领域的监管存在盲区、死角和漏洞。事故调查工作存在不规范、干扰多、专业缺、效果差等突出问题，对于事故原因的界定不够科学，事故责任划分不够合理，事故惩戒力度过轻，违法违规成本低，致使违法违规行为频发。对于市场经济的规律和政府监管手段没有深入研究，信息化管理手段在安全监管中的应用程度明显不高，监管效率低下。

建筑施工安全推动建筑业体制机制改革切入路径策略

党的十九大提出了"大力弘扬生命至上，安全第一"思想，党的十八届三中全会提出要全面深化改革，十八届四中全会提要全面推进依法治国，深化改革和依法治国既是建筑安全监管工作面临的重大挑战，更是建筑安全监管工作发展的重要机遇。面对建筑业改革的新形势，政府建筑安全监管体制机制的改革，要基于现实问题，强化顶层设计思维，依靠改革创新和依法行政双轮驱动，撬动好建筑施工安全作为推动建筑业体制机制改革的切入点。

(一) 从法制层面入手，清晰监管目标、策略及责任分配

1. 清晰监管目标

在现阶段，事故频发并造成施工人员伤亡，是我国建筑安全领域的最突出问题，经济发展和财产保护固然同样重要，但正是由于考虑到经济因素，才造成实践中生产安全事故频发。因此，现阶段我国政府建筑安全监管工作的唯一根本目标就是保障人员施工安全，确立这样的清晰目标，有利于统一认识、聚焦重点，并能统领及指导建筑安全监管各项工作。鉴于《建筑法》的修订工作已经提上议程，在《建筑法》修订中，应更加明确建筑安全监管工作目标就是保护施工人员的生命安全。

2. 明确监管策略

建筑安全监管的目标清晰之后，接下来政府需要制定相应的策略或者说政策来保证目标的实现。根据现代安全管理的系统性原理，良好的建筑安全管理应该是一种全员参与和全过程的管理。对于建筑业而言，这种全员参与和全过程的安全管理应该是建立在能够改变施工企业（承包商）安全行为的基础之上的。因此，在制定安全政策时应通过法律、经济、科技和文化等综合手段，促进以施工企业为核心的建筑工程各方主体在安全上的自我约束机制和以预防事故为核心的安全监管体制机制的形成。

3. 界定关键主体责任

国外发达国家的施工安全管理突出强调业主和承包商的责任，借鉴以上情况，在

我国建筑各方主体安全责任体系中，应重点突出并明确施工单位和建设单位的责任。

作业人员受雇于施工单位，施工单位是施工活动的直接受益者，也是建筑施工安全管理工作的直接实施者，施工单位责任落实对建筑施工安全起着最直接也是最明显的作用，因此应继续强调施工单位安全责任，促使施工单位牢固树立"不安全不施工"的正确理念。

在当前我国建筑市场，建设单位具有强大的资源配置和调动能力，是最有实力者，承担安全责任能力也最强，因此应强化建设单位的安全责任。一是规定建设单位在与施工单位订立合同时，对施工单位安全责任提出要求，同时支持和督促施工单位落实安全责任；二是规定建设单位需要提供充足安全生产资金并监督施工单位合理使用安全生产资金的责任。

监理、设计、勘察等单位受雇于建设单位，其保证建筑施工安全的责任来源于建设单位对其安全责任的委托与转移，因此应明确建设单位负有监督监理、设计、勘察等单位履行建筑施工安全责任的义务。

从有利于建筑安全管理工作的角度出发，应大力推进工程项目总承包、施工设计总承包等建设工程管理方式的实施。

（二）从体制层面入手，明确监管部门职责与性质

1. 明确综合监管和行业管理的监管范围和职责

新组建后的应急管理部应进一步明确和有专门行业主管部门的安全生产工作协调，要充分发挥住建、铁路、交通、水利等行业主管部门在安全监管中的作用，做好对这些行业主管部门的监督、指导和协调，而不是取代这些部门具体的安全生产的监管主体和责任。此外，应当尽快明确如纺织、冶金等无行业主管部门建设工程安全生产的监管主体和责任，以及工业建筑、农村自建房、高科技园区等领域的监

管部门和监管职责。

2. 明确监督机构性质

将有限的执法资源进行合理有效地配置是建筑安全监管面临的重要问题。面对大规模的工程建设，我国建筑安全监管应逐步转向执法检查，重点对各方市场主体安全责任履行效果实施监督，对各项法律法规执行情况实施监督，以及对违法违规行为实施惩罚处理。要充分考虑事业单位改革要求，研究在《建设工程安全生产管理条例》修改时，明确监督机构执法性质，规定其核心工作是对施工现场实施检查执法，同时持续加强监督机构的能力建设。

（三）机制层面入手，改革创新安全监管机制

1. 转变安全监管方式，提高安全监管效能

政府建筑安全监管应逐步转向执法检查，重点对各方市场主体安全责任履行效果实施监督，对各项法律法规执行情况实施监督，以及对违法违规行为实施惩罚处理。通过查处建设工程有关责任单位的违法违规行为，让监督人员成为真正的行政执法者。加强各级安全监管机构的力量，严格安全监督机构和人员考核，加强教育培训，全面提高安全监督执法水平。合理分配监管资源，实施差别化安全监管，提高安全监管效能。

2. 提高事故调查水平，加大科学处罚力度

对事故发生的原因进行调查并对相关责任方进行处罚是政府安全监管的重要职能之一。在目前政府简政放权的背景下，建筑施工安全监管部门应发挥这项重要职能的最大作用。建议将目前的有关建筑业事故调查和事故处罚的法律法规和相关规定进行梳理，专门编制适用于建筑业事故调查和事故处罚的指南，明确不同性质的事故调查程序、所适用的处罚条款法律依据，提高事故处罚的权威性和科学性。尤其要加大对违法转包、分包、无资质施工、没有取得安全生产许可证施工等市场行

为的处罚力度。

3. 完善建筑业安全诚信体系建设

建筑施工行业的一个突出特点是流动性，企业只注册在一个地区，而项目可能遍布于全国各地，这个特点给建筑安全监管造成了一定的困境。因此，建筑业要尽快完善安全生产诚信体系建设，当务之急要推进建筑安全监管信息化工程的建设，通过各方主体和从业人员的信息系统，建立失信行为企业和个人的"黑名单"，逐步建立以安全信用为核心的新型监管机制。

4. 提升建筑施工安全监管信息化水平

大力推进建筑施工安全监管信息化工程的建设，努力建立覆盖建筑施工企业、建筑施工人员、建筑起重机械、建筑施工项目、建筑施工安全事故、建筑施工安全监管机构及人员等信息的建筑施工安全监管信息系统，服务全国各级监管部门监管工作，从而实现我国建筑安全生产进行全过程的科学化、网络化、信息化监督管理，提高整个建筑业的安全监督管理水平。

结语

我国建筑业已经进入安全事故的"易发期"，国际经验表明，从"易发期"阶段进入"低发期"的深层驱动要素之一在于政府管理能力的提高。在市场经济条件下，政府没必要也不可能完全依靠行政手段，更重要的在安全监管体制和机制的顶层设计上，应着力通过多种政策工具规范建设工程各方主体对于安全生产的态度和行为，应大力营造良好的安全文化氛围，促使建设工程各方主体在安全上的自我约束和自发致力于安全动力机制的形成。

BIM+ 项目管理规模化应用的五大障碍及解决方案

王鹏翊

广联达 BIM 建造产品总经理

随着"互联网+"时代的到来，BIM 技术在近几年逐渐成为施工行业的信息化新宠，BIM 之风迅速席卷行业，用"火遍全国"来形容 BIM 在施工阶段的应用并不夸张。随着住房城乡建设部的号召和 BIM 技术推广影响的不断加强，国内关于 BIM 技术的政策相继发布；与此同时，BIM 大赛也在全国各地火热开展，据不完全统计，现阶段国内 BIM 技术相关大赛至少有 20 个，其中至少有 10 个省市举办了当地的 BIM 大赛。在此大环境下，各地施工企业热情高涨，项目只要有意愿，公司都会在人力、财力上予以支持，BIM 技术呈现整体投入剧增的趋势。

在这样火热的应用环境下，我们一直在思考，作为一项全新的技术，BIM 的本质应该是什么？多数的新技术都会经历两次发明，第一次是技术本身，即回答技术是什么的问题；第二次发明是技术的应用，即回答技术有什么价值。我们认为 BIM 已经到了第二次发明阶段，需要回答 BIM 技术能解决哪些业务问题。只有经历第二次发明，新技术才能成为生产力的一部分，形成规模化应用。

对此我们对施工企业进行了大量的走访与调研，从结果上看，BIM 应该回归到为施工企业解决项目管理问题上。这个观点已经成为大家的普遍共识。这个共识有两个内涵：首先是对 BIM 技术的内涵的拓展，它不仅仅是一项技术问题，比如解决深化设计和碰撞检测等问题，BIM 应该是项目管理过程中的载体及核心手段；其次是对 BIM 技术的关注重点的改变，由关注技术转换到关注业务。BIM 技术很重要，但本质上还是一个技术手段，项目的管理才是目的，不能仅仅关注 BIM 技术本身，而需要把重点放在如何通过 BIM 应用提升项目的技术、进度、成本、质量管理的精细程度，为项目的管理带来更大的价值上，这也将成为未来很长时间 BIM 技术在建设行业的应用趋势。

BIM 解决项目管理中现场要素管理和企业信息获取的两个核心问题

新形势下，随着社会生活水平的提高，劳务工人的日益职业化，物流等专业分工水平日益提高，装配式等新的技术日益普及，这些因素都为工程项目管理带来巨大的变化，其中最显著的两个变化，第一是精细化，其次是高质量。

施工项目管理包括两个方面：过程管理和要素管理。过程管理主要是针对工程项的进度、成本、物资、质量、安全等方面的标准化管理，比如进度计划的编制、对施工现场进度的跟踪等，这类型的管理是完整的 PDCA 循环，包括对计划（Plan）、执行（Do）、检查（Check）、行动（Action）的整个流程的管理。要素管理主要是针对施工现场人、机、料、法、环等关键要素的管理，比如工程项目的某一部位需要使用的混凝土量、各种工种的劳务人员数量及需用的时间、所需的工作面和工艺工法等，这些都属于对施工现场关键要素的管理。要素管理是施工项目管理的关键，大大增强了项目管理 PDCA 循环中的计划环节（P），人、机、料、法、环等要素管理到位才能得到好的项目进度、成本、质量结果。

传统的项目管理信息化技术重视对过程的管理，而对现场要素管理缺少有效的手段，因此要素管理主要靠现场管理者的非信息化手段进行，与过程管理的信息化是隔离的。以物资管理为例，目前施工项目信息化系统可以让施工总包方做出整个工程的物资需用计划，并对物资的采购、入库、领料等过程进行管理。这种偏向流程管理的信息管理系统中存在不足，缺乏建筑部位的概念，因此施工员难以按照施工进度、部位、分包队伍的多个维度进行拆解，以支持过程领料控制。这些数据的缺失，即PDCA循环中的计划环节（P）不精确，导致施工员和物资人员在执行环节（D）难以对物资进行过程管控和精细管控，而只能做过程合规性管理以及事后算账，难以实现物资管理的最佳效果。

BIM对于项目管理的第一个价值就在于能够很好的解决现场的要素管理问题，也就能在PDCA循环中帮助管理者解决计划环节（P）的问题，大大增强传统项目管理信息化的能力。BIM对于信息化的意义不仅在于其可视化以及三维信息的准确性，还可以作为一个信息化载体，对建筑物以及建筑物每个构件所需的人、机、料、法、环等多个要素进行数字化描述，将丰富的信息细化到每一个构件上，能够帮助管理者按照施工项目过程精细管理的要求获取相关信息，为项目的生产要素管理提供依据。

其次，BIM和云技术结合，可以让项目信息在项目和企业之间协同及共享，大幅度提升了企业对项目信息的了解质量。这种提升体现在两个方面：信息及时性和信息颗粒度，BIM现场应用通过移动端采集的项目进度、质量、安全信息，可以第一时间汇总至企业；BIM细化了信息的颗粒度，从理论上来讲能深化到工程部位甚至是构件级。这种信息质量的提升，让企业能够及时了解和把握工程的进度、成本、物资、质量、安全等多个方面的信息，不但了解其整体目标，而且能及时了解过程进展，做到按照部位和阶段进行管控，明显地提升企业对项目管理的能力和深度。

BIM 规模化应用的五大障碍及管理方式的变革

目前 BIM 的应用存在一种特殊的现象，即 BIM 目前作为一种旁站式的手段，不能真正融入项目管理过程中。其表现是企业的领导会把 BIM 抬得很高，甚至强制项目必须应用 BIM 技术，但是项目中的管理人员引进 BIM 技术后没有有效的应用方法，项目施工还是延续原本的传统做法。BIM 只能作为一种补充的手段，项目部管理人员感觉 BIM 是一种额外的、只能解决一部分技术问题、难以解决管理问题的手段，这导致了 BIM 的价值并没有充分体现。

这类现象的背后，存在以下五大障碍：第一是认知障碍。如前所述，BIM 这种手段增强了项目管理 PDCA 中 P 的环节，因此 BIM 不仅仅是一种技术手段，而是一种管理手段。企业领导层能够看到 BIM 对于项目管理的战略价值，而项目操作层对 BIM 的认知往往停留在只是一种技术手段上。这种认知错位是导致 BIM 在执行过程中存在很多问题的根本原因之一。

第二是组织和流程障碍。BIM 存在两个特点：前期高投入，后期高价值；BIM 和云的结合，让信息变得更加准确、精细和共享，需要多个部门进行协作。这两个特点给目前的项目组织和流程带来很大的冲击。首先，BIM 前期需要大量的建模，以及将施工组织方案中的进度、施工工况、资源计划等内容进行信息化，以指导后续施工。据不完全统计，这些准备工作占 BIM 整体应用工作量 50%-80%，甚至更多，比传统项目施工策划阶段工作要求更高，工作量更大。项目上的组织设置，一般都缺少强有力的组织人员及流程保障，难以保证前期的工作质量和进度要求，因此后续应用效果就难以保障；其次，BIM 要求信息在技术部、机电部、工程部、商务部、物资部等多个部门进行流通和协作，而 BIM 技术的负责人往往是 BIM 中心主任或者项目总工，推动多个部门的协作往往存在较大的障碍。

第三是人才障碍。BIM 的规模化应用需要每个项目都具备建筑、结构、机电、装饰等多个专业的建模人员，同时还需要了解计划、物资，甚至成本的要求，传统的项目技术人员在具体软件操作能力以及增强跨部门协作意识方面都是不足的。规模化和个别项目试点不同，不能依赖外部咨询服务的力量，也不能通过企业 BIM 中心个别突击队解决，而是要通过系统的培训、认证等人才发展机制解决，这种机制是现阶段大部分施工企业还不具备的。

第四是项目管理和激励制度障碍。BIM 使项目的进度、成本、物资、质量、安全等信息在企业和项目之间可以协同与共享，而企业缺少相应的管理手段和激励政策，这也让 BIM 的价值难以得到充分发挥，甚至造成项目使用障碍。目前已经有多个案例表明，在缺少合理的制度保障前提下，项目经理往往不愿意向企业暴露过多质量、安全、成本等敏感信息，这种行业普遍存在的现象也给 BIM 应用带来了障碍。

第五是软件成熟度障碍。BIM 应用软件的成熟度、易用性等方面，也依然存在需要改进的内容。总体而言，BIM 应用软件往往关注 BIM 技术本身，关注 BIM 的三维显示、碰撞检测、施工模拟、物资提量等方面的技术实现，而缺少和项目相关岗位的工作进一步贴合。只有到了 BIM 应用软件的功能能落实到技术员、施工员等项目一线管理人员的日常工作中，能够替代他们现有的手工工作，形成日常的工作表单、报告，为各岗位人员提供价值，BIM 应用软件才能真正实现落地。

施工企业的应对与变革

国内 BIM 应用的领先企业，比如湖南建工、巨匠集团、西安建工等企业，为了应对上述障碍，已经形成一些初具成效的变革方法。这些方法包括：

第一，制定BIM及信息化发展战略。由企业高层牵头，制定BIM及信息化发展战略，并针对企业中层、项目经理等进行宣贯。

第二，重构组织和流程。先锋企业设置BIM中心和成控中心，并且调整了BIM应用的流程。企业的BIM和成控中心在施工策划阶段集中解决BIM前期的建模、施工组织方案设计、成本测算及合约规划等操作密集的信息准备工作，项目部只需要应用这些结果，做项目进度跟踪、质量安全跟踪等现场应用。这种组织、职责和流程的变化带来了深远的影响，一方面能大幅度让企业掌握项目信息的源头，在BIM应用中占据主导地位，明显提升对项目的管理能力；另一方面让项目部的BIM应用工作量显著下降，降低了BIM应用的难度。

第三，设立BIM学院，举办BIM大赛，进行BIM人才系统培养。先锋企业设立BIM学院，通过抽提前期BIM试点项目骨干人才，总结项目应用经验，形成适合本企业的BIM体系课程。同时分批次地规模化培训企业技术人员，并通过企业内举办BIM大赛进行练兵，解决BIM规模化推广面临的人才短缺问题。这种方案比单纯依赖BIM软件及咨询企业的服务更加适合本企业BIM应用的可持续发展，成本也更低。

第四，制定适合信息透明情况下的项目管理和激励政策。这些政策包括但不限于：通过明确的成本测算，调整项目奖金比率，加强审计，提升项目经理的配合意愿；鼓励、奖励项目提升应用以及信息质量，避免利用系统录入的信息对项目做出惩罚，比如质量、安全等问题的上传，企业保证不对相关人员进行惩罚，这种"只奖励不惩罚"的机制可以提升项目操作人员的应用意愿。

第五，与BIM软件企业进行合作，制定更符合本企业应用的BIM应用系统。内容包括BIM与企业的管理系统进行整合、管控流程匹配、报表的定制等。

第六，采取分阶段、分模块应用的策略，降低实施障碍。应用开展初期可以先将BIM在一个业务线进行独立应用，应用成熟后再进行跨部门整合。比如工程部、成控部、物资部、技术质量部等部门可以先进行单独应用，这样做可以降低推广的组织障碍，培养 BIM 应用的人才并积累应用经验后，再进行多个部门的整体应用。这种策略在多个企业中都证明是行之有效的。

广联达 BIM 建造的发展方向：专业化与平台化

在 BIM 技术方面，广联达也进行了很多年的研究与开发，其成果包括两个方面：一是建立了一套技术平台。广联达通过桌面端图形技术平台、BIMFace 应用平台、IGMS 数据接口标准，已经建立了一套比较完整的 BIM 技术平台。二是建立了一套岗位、项目、企业三个层级的 BIM 建造解决方案。岗位级方案中，通过 BIM 统一数据接口，可以应用业界最常用的建模、进度、预算编制软件；项目级 BIM5D 平台汇总岗位数据成果，通过云和移动技术，形成对项目进度和成本的协同管理。企业 BIM 云平台基于项目级的 BIM 应用，为施工企业的各业务部门及集团决策层提供及时、准确的经营管理数据，从而实现施工项目的精细化管理、施工企业的集约化经营。为了更好地解决 BIM 规模化应用的障碍，广联达 BIM 建造发展的方向是平台化和专业化。

平台化意味着 BIM 平台和专业应用的分离，平台处理基础的模型接口、模型显示、文档和信息存储、任务协作等基础通用的应用，而专业应用解决项目进度、成本、物资、质量、安全等管理应用问题。

专业化意味着各个专业应用的关注重心，由 BIM 技术切换到客户的业务。后续 BIM 专业应用是从客户业务角度出发来思考问题，其体现的是软件由点到线。比如广联达全新的 BIM 进度专业应用，全面地解决项目年计划、月度计划的编制，以及周任务、现场跟踪、周例会等场景的应用问题，而不仅仅是 BIM 的计划模拟等单独点的应用。

平台化和专业化，是广联达对 BIM 规模化应用的思考，对思路大幅度的改变和升级，带来了更多协作的可能性。施工企业的项目管理，需要解决的环节非常多，不可能是单独的一个企业、一套系统能够全部涵盖的。广联达通过平台化的运作，逐步开放多年积累的技术平台，与更多有意愿的伙伴和客户合作，给施工企业和施工项目带来更完整、更专业的方案，共同解决项目管理的复杂问题。目前已经开放的 BIMFace 平台，已经形成多个合作应用，后续还会逐步开放项目级 BIM5D 的平台接口，让更多合作伙伴的应用模块能集成应用，为项目的精细化综合管理赋能。

我们相信 BIM 在信息化方面具有不可替代的作用，未来五年将逐步进入规模化应用阶段。在这个阶段的发展过程中，需要施工企业和 BIM 软件厂商同时进行变革与更多的合作，让 BIM 技术更加落地，让每一个工程项目成功，从而实现让整个工程行业的管理达到工业化的水平。

当我们在谈论智慧工地时，我们在谈什么

朱亚立

广联达科技股份有限公司副总裁

近年来，信息化从典型的技术驱动发展模式向应用驱动与技术驱动相结合的模式转变，集成化、平台化趋势的加强掀起了各个行业的数字化浪潮。与此同时，建筑业在经济新常态的结构调整阵痛中开始寻求工业化转型的出路。"智慧工地"正是一个运用信息技术手段在工地作业层面实现建筑工业化的解决方案。

当"新＋行业"模式改变行业发展时，建筑业站在历史路口

（一）各行业数字化带来的启示

以行业应用为基础的，综合领域应用模型、云计算、大数据分析、物联网、移动互联技术以及人工智能的集成化信息技术成为发展趋势，带领传统产业的解构和重组，催生了数字价值的充分释放，新制造、新零售、新金融等行业新模式不断涌现。

制造业正在通过信息技术创新引领行业发展，实现信息化基础上的新型工业化，使得大规模的个性化定制成为可能，让整个行业从生产型向服务型转变。新零售是

零售业的工业化，新零售重构人、货、场，通过数据与商业逻辑的深度结合实现消费方式的逆向牵引，实现行业变革。新金融即是金融行业的工业化，支付宝、微信、Applepay、Googlepay 等通过信息技术重新分配行业生产要素和资源，重构产业链并颠覆用户使用场景和习惯的案例更为直观。

关于"新＋行业"的说法，我们可以有这样的理解：所谓"新"就是打破旧有的规律和模式，把原有的一些功能业务碎片化，从固有模式先转变到混序的模式，然后在每一点进行创新，用多态并举、多态共进的方式沉淀和积累，真正形成未来新的产业模式。

这对建筑业的转型升级不无启发。当今的建筑业，有的项目很原始甚至到手工图纸的地步，有的刚刚启动信息化改革，但也不乏像首都新机场这样深入使用新技术的项目，对新技术采用具有不确定性和非标准性，这同样也是一个混序的状态。如何从乱象中理出思路，借鉴制造业等先进行业的经验，通过信息化和数字化的手段实现建筑业的工业化，将会是我们这代人的历史使命。

（二）"十三五"明确建筑业工业化和信息化的结合

"十三五"期间，政府明确了建筑业向"绿色化、工业化、信息化"三化融合的方向发展，推动建筑业以现代工业化为核心，以信息化为手段，向精细化、工业化方向发展。

由于建筑行业的产业链特别长，从项目策划到设计院设计，从深化到施工，再到竣工验收，整个流程是分散的。在中国，各个环节甚至是断裂的。每个部分可能已经很专业，但对整体来说可能会是片面的，甚至不合理的。同时各个环节的管理也较为粗放。国家之所以要推动项目全过程的工程管理就是为了把整个流程打通，实现精益化管理。深究背后，要实现建筑行业的工业化转型，必须让人、机、料、法、环各个要素的信息充分流动起来，让各个环节的计划、实施和管理都能得到实时准确的信息支撑，从而让建筑业提升至现代工业级水平。那么什么是建筑施工行业的工业级水平呢？就是要把建筑施工的工艺工法、生产步骤、生产标准等提高到工业级的精细化水平，从而实现建筑施工管理水平的精益化，做到任务管理到末位，施工计划、工艺工法库细化至工序级任务包，在最细的单元打通微循环，融入控制手段、监控手段和自适应的调优手段，抓住施工过程的主动脉，实现全过程精益建造的闭环。

建筑工业化、信息化探索落脚智慧工地

（一）从企业到项目再到岗位，建筑业信息化面、线、点共同推进

建筑业信息化也曾像制造业一样走自上而下展开的道路，但在过程中发现，建筑行业跟制造业相比有一个不同点：制造行业的生产活动、生产过程、生产要素等都是固定的，更适合从企业层面制定一个标准，建筑行业生产单位则是变化的，时间、工种、技术的选择采用都是随着不同项目的变化而变化的。建筑行业每个项目的个性化决定了很难从企业层面制定统一标准，只能从企业管理层面，深化到项目业务层面，进而细化到工地作业层面，形成一个面、线、点层层下落又共同推进的路径。

（二）企业层，以经济效益管理为目的的"面"

企业层面以管理为驱动，以项目管理和协同办公系统为依托，集约管控采集，分别处理企业的项目管理过程，办公和集采需求，最终形成企业 BI。在项目管理系统中以成本管理为核心进度管理为主线，合同管理为基础，基于项目全生命周期，充分融入 PDCA 等管理思想和体系方法。旨在解决企业集约化经营、精益化管理，科学决策的问题。但企业层级的信息化部署需要落地到每一个项目，对项目全流程

和全要素的数据采集才能有效支撑管理层决策。于是需要向下开启项目层面的探索。

（三）项目层，以项目业务管理为目的的"线"

　　项目层面以业务驱动，以 BIM 为载体、进度为主线、经济为核心，通过"云 + 端"的模式把技术生产商务三线综合在一起，形成管理全过程的协同，为项目消除沟通壁垒，提高工作效率，辅助经营决策。例如复杂的大型项目，通过 BIM 模型把生产活动、生产要素和各参与方能够整合到一个平台上来。它形成统一的参照物，分包、总包和业主都基于同样的模型来沟通、交流，解决了跨参与方、跨生产要素、跨生产活动的管理、沟通、协同问题。

　　但走到这里数据采集和录入的问题依然没有解决，项目上的数据需要通过工地各岗位人员的填报汇总，由于录入过程掺杂了人为因素，导致了信息的滞后性和不真实性，甚至会是信息的缺失，这样就需要从项目再往下落一层到工地。

（四）工地层，打通建筑业信息化数据微循环的"点"

　　工地层是大量人、机、料、法、环相关生产环节的发生地，信息、数据在这里集中。广联达的智慧工地解决方案的初衷，就是要通过物联网等技术在岗位层面打通数据微循环，以数据驱动工地作业的全过程，进行生产活动管理、生产过程调度、生产要素资源的优化。这里的关键问题是要着重考虑数据的采集、加工、分析，并使之全力支持工地、项目、企业的总和应用。

　　当我们把工地施工作业看作工业化的自动化生产流水线，它的信息流也要充分的流动起来，这样才能提升效率。所以在工业化的道路上，势必要做到工厂生产和现场施工的一体化"数字生产线"，以现场工业化施工驱动工厂工业化生产，我们又把它叫作"厂场一体化"。

智慧工地：重点解决现场工业化

目前，在建筑业中现场工业化占比至少70%～80%，我们的智慧工地，目前重点集中在通过物联网等信息技术为现场工业化提供一个完整解决方案，对其进行数据的采集、集成、分析和处理、控制，未来智慧工地也将会延伸到工厂，打通装配式这条线，最终实现厂场贯通。

智慧工地解决方案运转的前提是需要先有一个平台。智慧工地平台是智慧工地的数字大脑，它包含三个神经中枢：物联网中枢，把各个设备连成数字化的端；数据中枢，把各个设备的数字化端连成一个流水线；以及基于这些数据的算法中枢，确定流水线应该如何流转，应该在什么地方建立控制点。它的核心模式是通过这个平台把工地现场大量的碎片化的生产要素、生产过程、各个岗位集中在一起。

也正因为如此，智慧工地第一步需要解决数字化问题，通过平台形成物理世界数字化的演化。把所有生产要素、生产岗位、生产过程每一步的作业进行数据采集，联结起来形成一个数字化的流水线。第二步是在线化。如果说数字化是把物理世界映射到虚拟世界的过程，把所有的物理世界的实体建模使他具有数字化的属性，那么在线化就是不同模块的数据打通、呈现，并且能够按照新的逻辑链接在一起，进行重构和演练，从而找出最佳的生产路径和生产过程，辅助决策。第三步是智能化。实现数字化和在线化后，大数据的运用会总结出很多经验。当尝试过几百甚至更多种不同的生产过程、工艺工法之后，得出对于什么样的项目，什么样的建筑，应该采用什么样的方法的一般经验。这种模拟的结果会不断地记录下来，通过学习，最终形成智能化的平台，或者智能化的数据库，再遇到同样的项目就可以直接根据外在情况判断甚至决策。所以，智能化实际上是一个不断的自我学习和累计演化的过程。

总的来说，数字化是物理世界解构的过程，在线化是虚拟世界重构的过程，智能化是数字孪生物理世界和虚拟世界相互演化的过程，使物理世界和虚拟世界能达到真正的一致、协同，真正变成数字孪生的过程。

广联达智慧工地的 T 形模式

（一）广泛链接：为人、机、料、法、环搭建平台形成数字大脑

　　广联达在讲数字时代商业逻辑时一直在强调一个 T 的模式，这个模式在智慧工地解决方案的搭建中同样适用。首先，从横向看智慧工地在走一个平台化的趋势，在这个平台上汇聚所有的碎片化的数字资产，数字化知识在平台上互动和交互。在这个过程里面，智慧工地平台希望尽可能地去更广泛地链接设备，更广泛地链接人，更广泛地链接施工现场的一些作业和任务，形成一条数据流水线。同时 AI 技术平台立足工地现场业务，提供一站式深度学习服务。平台内置大量优化的网络模型算法，用户可以方便、快捷地使用深度学习技术。目前行人／车辆检测、安全帽检测、钢筋计数、车牌识别等技术服务都已成熟，并针对工地现场不断进行场景适应、性能优化，推动施工现场管理向规范化、智能化方向发展。

（二）单点突破，深化工地智慧管理

　　从纵向来说，智慧工地的一些单点正在积极突破。比如说在智慧安全系统，旨在打破"以关注事故为主""打补丁式补救"的安全管理模式，让安全管理的作业模式更规范。如今使用这一系统的企业超过百家，通过对危险源的数字化处理和相关性的梳理，积累的海量数据清单和学习资料。通过对危险源知识库的自我学习、自动分析，已经能够对图片里建筑物的状态、建筑过程进行危险性分析，从而实现危险源的识别与监控、安全隐患的排查与治理。最终做到"事前预防""事中管控"，为施工现场的安全管理提供完整解决方案，为公司的安全数据分析、风险预控、精

准预算提供支持。

智慧物料系统则是通过运用云、大、物、移、智的综合手段自动采集精准数据，跟踪物料出入场、出入库、领用消耗的全过程，及时掌握一手数据。有效积累、保值、增值物料数据资产，进行多项目数据检测和全维度智能分析，随时随地掌控现场、识别风险，做到零距离集约管控，可视化智能决策，实现物资全过程精益管理。甚至打通基于项目现场的物流、资金流和信息流，做到三流合一。这里点钢筋技术是很好的例子，在之前传统的收货方式就是靠人力清点，点完加以记录，浪费人力且精准度差。现在在智慧工地的物料验收系统中，只需要拍一张照片，系统就可以实现自动点验钢筋数量，确保进出场数据完整、可控。

在智慧劳务系统中，广联达的现场劳务管理系统基于物联网技术、集成各类智能终端设备对现场劳务工人进行高效管理，切实地落实劳务实名制，实现考勤、安全教育、视频监控管理，工资监管，后勤管理以及基于业务的各类统计分析。目前系统大概收集了三百万条工人数据，几亿条考勤数据，大量劳务管理相关的数字化工作已经非常到位。这有效提高劳务用工管理能力，辅助政府提升监管效率，保证工人与企业的利益。比如闸机、安全帽的使用使得工人的出场和在场内的活动都能运用数字化的方式进行采集分析。在现有的基础上也将尝试去做动态的劳务的优化和匹配，或许实现自动化的调度，或者说是"uber化"的调度，把所有的工地碎片化处理，然后把所有的工作都能派给合适的人，使生产资源和生产效率得到极大的释放。

阻力犹存，前景可期

每一个新事物的发展都不可能是万事俱备一帆风顺的，智慧工地的推行也必定存在一定的阻力。这里讲两个方面，一个内部，一个外部。从外部来说，数字化的挑战和阻力是技术成熟度和通用性的问题。物联网虽然说很普遍，但物联网技术在工地现场的使用还面临很多的成熟度的考验。比如说安全帽产品，首先尝试用蓝牙来连接，但在地下室或者一些特殊场合，就不一定起作用。换用 5G 技术来做，仍然存在信号不通的情况。当然也做过将新物联网技术 LoRa 等其他技术和工地业务相结合的尝试。所以技术成熟影响了数字化的规模化，在一个项目上实现，但不代表下一个项目同样能实现。内部的制约在于业务能力。碎片化的信息和数字，以什么方式连接在一起才是最佳的，需要有一些深入的业务研究来引导和牵引它。建筑行业现在还没有大量的业务存储、作业存储，这方面的业务知识欠缺和实践积累不足，致使我们需要尝试更多遍才能找到最佳路线。

当然，有挑战有阻力同样也预示了智慧工地的成长空间。目前我们也仅仅是迈出了工地信息化、或者说建筑业信息化的一小步，整个建筑行业信息化、工业化的步伐方兴未艾，前景可期。

第二章

思 维 的 碰 撞 , 才 能 诞 生 智 慧 的 火 花

美国庄臣公司总经理詹姆士·波克曾说过: "只有在争辩中, 才可能诞生最好的主意和最好的决定。"思维的碰撞, 才能诞生智慧的火花, 本章节特别邀请了十位从事建筑业数字化研究的行业大咖, 以对话的方式, 结合他们自身的实践以及对行业发展的理解, 从不同的方面解读建筑业数字化转型过程中所面临的多方面问题, 为建筑业企业的数字化转型提供参考。

"新建造"来了，我们该如何走出信息化转型第一步

清华大学土木工程系教授 马智亮

广联达施工业务规划部总经理 李卫军

　　马教授您好，我们知道您研究施工企业信息化工作已有十几年时间，2006 年您出版了国内这个领域最早《施工企业信息化成功秘密》一书，一晃时间过去 12 年，您怎么看国内施工企业信息化推进的现状？我们取得了哪些成绩？是否达到了您当年预料的结果？推进过程中还存在着哪些困难？

　　马智亮：整个行业肯定是向前发展了，也取得了不俗的成绩：信息化新技术的应用单位更多了，开发单位也更多了，出现并应用了更多的信息技术，例如 BIM 和云、大、物、移、智等技术。平均应用水平也大大提高了，但我觉得还远未达到成熟的阶段。一个主要标志是在项目一线的管理工作中，信息化还没有成为必须。

　　施工行业的信息化发展程度并没有达到我们当年的预期。我们当时判断，10 年内，行业的一大批企业将不仅拥有强大的信息化管理平台，而且离开信息化，会难以开展项目管理工作。想想今天我们的银行、电信等行业是什么样子：从柜员到高管都离不开信息系统。这就是我当时预期的样子。目前施工行业显然还不是这样。

我觉得阻碍信息化的推进主要是有以下三个原因：第一，建筑市场不够规范，一段时期以来，大家嘴上说"向管理要效益"，实际上，很多企业还是利用社会关系进行公关，拿到项目才是硬道理，所以企业没有感到信息化的迫切必要性。第二，政府针对特级资质总承包企业的信息化要求初衷很好，但执行过程落于形式主义、一刀切，造成很多企业急功近利，为了资质就位而信息化，使得行业和企业的信息化吃了"夹生饭"。第三，软件企业过度关注商业竞争，没有把精力放在提高技术水平和产品质量上，甚至还存在一些恶性竞争的现象，使得信息化不但没能帮上忙，甚至还帮倒忙，让真正尝试搞信息化的企业没有尝到甜头，反而伤了心。

李总，您怎么看待马教授说的施工行业信息化推进缓慢的三个原因？特别是提到软件行业存在的问题，作为当局者您有什么想法？

李卫军：首先，我完全认同马教授总结的这三个原因，这也是客观存在的三种现象。我主要谈一下软件系统和施工行业信息化推进的关系吧，仅代表个人观点。首先我觉得企业对信息化系统的应用促进了标准化管理体系的建设。我们看到早期一些企业因资质的要求购买了信息化系统，他们根据原本就比较规范的管理体系向软件商提出非常具体的需求，根据本企业的管理方法研发出个性化的管理系统。随着系统的不断运转和使用，发现原有管理体系中存在的不足。这种往复梳理的过程实际就是企业管理体系不断完善和优化的过程，也就是所说的相互促进的过程。这是一类企业，但也有相当一部分企业自身的管理不成体系，甚至完全靠管理者本身的做事习惯进行。采购了成型的系统后，便对照软件系统内的管理标准来梳理形成自己的管理体系，实现了管理体系的从无到有。这类企业如果系统选择不当或教条照搬，就会被软件"牵制"，适得其反。举个例子，在这两年我们对施工企业的调研中经常碰到这种情况，当被问到公司有没有成型的管理标准或管理方法时，有一部分企业直接拿出某一个信息化系统的操作说明，说公司的管理要求和标准就在这里面，里面包括部门分工和工作流程等。但我们对照公司的实际组织结构，发现部门和岗位的设置和信息化系统里的设定有很大出入。

我们了解到施工企业选用信息化系统的原因大致有两种：一种是被软件商引导，还有一种是企业自己的决策，"就给我一套中建系统在用的管理系统，他们是行业的标杆，我们也要学习他们。"这种施工企业被软件系统"牵制"的现象还挺普遍。形成这一现象，软件商和企业可能都要负一定的责任。

我觉得企业选择信息化软件和平台时，首先定位要清晰，不要脱离本企业的管理水平，盲目拔高，选取适合自身发展节奏的系统，并在引入信息化系统过程中不断完善形成本企业的系统管理标准。从而让这种"牵制"变得有益，成为正向的牵引。对于软件商而言，一定要以客户为中心，要以价值为导向，提供对企业有价值的产品和服务，加强与企业间的交流和学习，将软件研发和管理业务进行深度融合，充分发挥软件企业自身的技术优势和企业的业务管理优势，在产品发展过程中处理好商业和用户的价值平衡点。

李总，那您在这十几年的工作经历中，对于信息化技术给这个行业带来的变化，特别是在施工项目管理上，有什么样的体会？

李卫军：站到施工行业来看，这十几年信息化技术经历了排斥、接受、受益的过程。简单总结一下，我有两方面的感受：第一，信息化技术对施工行业的标准化管理体系建设有一定的促进作用，比如在管理系统里面规范了一些管理工作的工作流程等；第二，行业对信息化技术的了解越全面，应用就会越广，依赖会越大，对其价值也更加认可。

在加入广联达之前，我曾有过 15 年的施工项目管理经历，回想一下，2006 年正好是我从中建一局的项目管理部调动到项目现场的管理岗位，那时项目部还是以 Project、CAD 等工具类软件应用为主，基本不使用管理类信息化系统。在公司层管理上，一些管理事务可以通过信息化系统在线上进行处理，比如施工策划方案评审、合同交底等工作，但是因为借助信息化系统进行管理和传统的管理方法有所不同，系统所提供的信息不够等原因，还是有点"信不过"信息化系统。在线上处理过程中，甚至处理完了之后还要通过电话，或当面确认核实一遍。但今天来看，信息化系统已经不再陌生，一些管理活动已经被信息化系统替代，管理效率也得到了不同层次的提升。信息化技术在一些领域已经成为企业管理不可或缺的技术。当然，和马教授这样的前辈最早期望的像银行、电信那样的覆盖率和渗透率还是有很大的差距。与此同时，我们也发现了信息化系统的很多不足，比如现场信息的搜集和录入给一线人员增加了繁重的额外填报工作，信息实时性、完整性、准确性的缺失，让一个个项目工地变成了一座座信息孤岛。同时一些固化死板的流程把简单的管理事务复杂化，让很多工作为了信息化而信息化。

从"信不过"到"离不开"，这可能是很多行业对新技术的态度变化。究其原因，除了企业越来越重视，技术自身的成熟以及多技术协同应用也起到重要作用。马教授您觉得最近几年 BIM 和云、大、物、移、智技术的出现，为信息化推进工作带来哪些价值？最后一公里的信息孤岛能否通过这些技术解决？国外是否有先进的理念或者案例可以参考？

　　马智亮：BIM 和云、大、物、移、智技术的出现及发展给我们带来了更加强有力的信息技术支持，使得施工企业信息化有了更深厚的技术基础。利用这些技术，我们可以更好地感知对象、采集数据，更好地表达数据及数据之间的联系，更方便地处理数据，甚至可以让计算机去取代人或者部分取代人开展工作，同时相比传统技术，也更加经济。但是数字化只是这些技术要实现的第一步工作，之后我们要借助新技术重构施工管理业务，重新打造我们的业务流程，合理分配人、机、料、法、环等要素资源，技术只有和某个领域的业务深度结合才能真正发挥出它的作用。

　　从理论来说，将云、大、物、移、智等技术与 BIM 技术结合起来应用，可以解决施工企业信息化最后一公里的信息孤岛问题。但实际上，这需要时间。也就是说，需要一个发展的过程。我经常喜欢举的一个例子是，发展和普及 CAD 这样一项相对简单的工具类产品，我们花了 20 年的时间，才实现"甩掉图板"。云、大、物、移、智等技术以及 BIM 技术本身发展需要时间，就像发展 CAD 技术一样。然后实现这些技术的集成应用以及和业务的融合就更需要时间了。

　　在这方面，目前我也没有看到国外的成熟理念及案例。主要是因为技术本身还在发展过程中，还没有到成熟的那一步。在这里，我也想特别强调一点，即，在今天，不见得发达国家在每一方面都比我们国家先进。对于建设领域信息技术的应用尤其如此。这是因为实践需求是技术发展的原动力。我国有全世界最大的建设规模，大量的基础设施和房屋建设给我们提供了发展新技术的良好载体和背景。只要我们的应用单位重视技术创新的作用，再加上软件开发公司的努力，我国完全可以在这方面走到世界的前列。最近我参加了一次由万达商业地产组织的国际 BIM 大赛的决赛评审，大赛总共有 400 多个项目参赛，其中也有不少来自国外的参赛项目，但进入决赛的 15 个项目中，没有一个是来自国外的。什么原因呢？主要是因为国外的大工程少，BIM 技术应用的难度自然不高。而我国大工程多，在其中应用 BIM 技术不仅意味着克服很多困难，带来更大的价值，而且还意味着应用也推动了 BIM 技术的进一步发展，对这个行业作出更大的贡献。

李总，刚才马教授提到用数字新技术重构施工管理业务，您有 15 年的项目管理经验，结合这几年在广联达的 BIM 技术研究工作，您怎么理解马教授的这句话，以及能否给我们举几个用新技术重构业务的例子？

李卫军：广联达在 2017 年提出了数字建筑理念，数字建筑最简单的解读就是将数字技术和建筑行业的业务进行结合。我们说数字建筑主要体现在三个方面：数字化、在线化、智能化。具体到施工管理领域，已经在有些点的应用上有了不同程度的实践。比如大家比较熟悉的 BIM 施工模拟，其实就是在实际施工之前对施工过程进行数字化的呈现，这种模拟不仅是施工形象的直观展示，更重要的是可以同步模拟出施工过程中的资源投入情况、资金使用情况等信息，以此来分析和优化施工技术策划的合理性。优化调整后的策划方案可以通过利用互联网技术、移动互联网技术，以更加直观的方式提供给不同的管理者。在具体应用过程中综合模型及其附载的生产资源等信息，进行施工交底、在线查询等管理应用。随着技术的不断发展，最终要实现智能化的管理应用，比如随着不同工种施工工效的积累和收集，未来的 BIM 施工模拟将可以实现劳动力资源配置的智能化，甚至进度计划的自动编排等等。

目前这些场景已经在进行着不同程度的技术前探和尝试。除了刚才说的施工模拟，比如现在的塔吊智能检测系统，利用智能安全帽对工人的作业行为与轨迹跟踪等等，未来的发展前景一定是先从具体某些点的实践开始，逐步成熟并最终覆盖整个施工管理。

马教授，2018 年初您也参与了《数字建筑白皮书》的发布，白皮书里提到新建造的目标是将建造提升到工业级精细化水平，能否畅想一下实现后的理想场景，以及它带来的价值？

马智亮：我相信，新建造的目标，即将建造提升到工业级精细化水平是肯定可以实现的，而且这个目标的实现很有意义。首先，它将使施工行业变成一个受人尊重的行业。众所周知，在社会大众的心目中，施工行业具有"脏、累、危险"等特点，如果将建造提高到工业级精细化水平，就意味着行业实现机械化、自动化、智能化，施工现场的劳动工人将大幅度减少，就像工厂一样，工人的工作强度将大幅度降低，工作条件得到大幅度改善，施工现场的危险性同样将大幅度减小。这样一来，不仅可以解决由社会老龄化带来的劳动力短缺的问题，也可以将更多优秀的人才吸引到行业来，使我们的行业在新时代后继有人。

其次，行业竞争力将得到显著提高。国外有数据表明，过去几十年间，制造业的劳动生产率得到了逐步提升，而施工行业的劳动生产率则是徘徊不前，甚至出现下降的局面。从经济的角度讲，施工行业的利润率也降低，这样一来，人们就不愿意向施工行业投资，而由于投资不足，施工行业的科技进步也就比较缓慢，形成了恶性循环。最近十多年，这种情况正在改变，其主要原因，一方面是由于信息技术等相关新技术的迅速发展带来的施工行业升级换代的有力支撑；另一方面是由于社会基础设施及人们的居住需求得到显著增长。这些因素促使面向施工行业的投资获得较大增长，而且施工行业逐步形成共识，即，通过科技进步，向制造业等先进行业看齐，大力发展数字建造和智慧建造，迅速提高施工行业的生产力水平。

马教授，您认为施工企业应该具备哪些新能力来应对这次行业的大变革？其中您觉得最重要的能力是什么？您对已经或即将走上信息化、数字化转型升级这条路的施工企业有哪些建议？

马智亮：面对行业的变革，施工企业需要学习能力、应用能力以及创新能力。学习能力让企业能够迅速学习新技术，赶上行业变革的潮流，而不是落在后面；应用能力使企业能够率先应用行业新技术，通过新技术的应用获得竞争优势，走在行业的前列；创新能力让企业在应用新技术的同时，推陈出新，主动发展新技术，走到行业的第一方阵里。科学技术是第一生产力，毫无疑问，走到行业第一方阵的企业将是行业最有竞争力的企业，不仅将收获满满的经济效益，同时还会收获满满的社会效益，成为行业企业的标杆。

对于已经或即将走上信息化、数字化转型升级这条路的施工企业，我有三条建议：第一，抓住机遇。习近平总书记曾经指出，信息化为中华民族带来了千载难逢的机遇，应该说，数字化转型升级也给施工企业带来了难得的机遇，施工企业应该顺势而为。第二，要敢于求变。不仅要迅速适应企业外部环境的变化，还要主动地在变化中求发展，对企业信息化持续改进。信息化不能一蹴而就，持续改进的施工企业信息化才能成为有效益的信息化，才能顺利踏上数字化转型的快车。第三，要善于合作。好的企业是社会资源的最佳配置器。企业不可能拥有所有资源，但可以通过合作去获得必要的资源。在完成数字化转型升级的道路上，企业应该加强与科研院所、大专院校、软件开发单位的合作，实现主动攀登，捷足先登。

马教授说通过新技术推动施工行业信息化这条路肯定没错，但实际过程还是需要时间，而且也没有太多国外企业的成功案例可以参考，李院长您觉得这段时间里，我们主要应该解决哪些问题，成功的关键是什么？

　　李卫军：关于这点，马教授给了三条建议：抓住机遇、敢于求变、善于合作。具体企业和软件商在信息化建设这条路上有不同的举措。对于企业而言，随着数字化技术的发展，信息化相关技术更加丰富，新的技术可以为解决原有管理问题提供更多的可能性，建议企业能及时扫描新技术的发展和试点实践效果，客观了解新技术的实际应用情况，为企业引入应用提供参考，避免在决策时被第三方影响。在具体信息化建设过程中，既要客观诠释企业管理现状，又要结合企业战略规划要求，参考同行的优秀做法引入较为先进的管理方法。对于信息化建设方案中涉及研发的相关内容，建议采用与软件商合作的方式进行，发挥各自的优势形成互补。施工企业结合自身管理特点提出尽可能具体的开发需求、将来系统升级和拓展需求，以及在用信息化系统之间的接口要求等，而具体开发工作由软件企业完成。因为信息化技术是不断发展和集成的过程，因此在软件商的选择上，建议选择具有持久合作能力的合作方。

　　对于软件商来说，为企业提供有价值的信息化产品应该作为软件研发服务的最终目的。在此基础上，现阶段最关键需要处理好几件事情：第一是各信息化系统之间数据互通的问题，不能让同样的信息分别在不同的系统多次录入；第二是各信息系统互通后业务重合问题，信息化系统必须要进行平台化构建，以满足用户对不同业务模块的选择性需求；第三是要敢于引入新的技术手段对原有的功能进行升级，比如 BIM 技术的出现可能会改变原有信息化系统的沟通方式、业务呈现方式。

标准化管理如何促进企业数字化转型

中国建筑一局（集团）有限公司副总工程师 杨晓毅
广联达施工业务规划部总经理 李卫军

当前，建筑行业整体利润率过低，施工成本上升，企业资源需要优化。要突破重重困境，施工企业亟需开展标准化管理，从而提升整体管理水平。中建的标准化项目管理体系就取得了突出的成效。为何要开展标准化管理体系建设？如何看待这些管理体系给企业带来的价值？

杨晓毅：标准化管理不仅可以降低管理成本，还能提升品牌知名度，促进企业的整体发展。以前，中建各工程局分布在某一个特定地域；现在，各工程局各分公司分布在全国各地，且旗下项目种类众多、各不相同，不同的业务形式也越来越多，如 PTP、EPC。面对多元化且多地域的发展，总部很难把所有的项目都管理得到位。这就必须要有一个标准化的管理体系，不管业务如何扩张都可以根据标准管理体系来进行管理。企业中新员工的数量越来越多，如果没有标准的管理方式和体系，很多新来的人员都不清楚到底该怎么去做，很难推进一项工作。有了标准的手册、标准的管理方式，新人员就可以很容易快速上手。此外，不同地域的分公司、分局都通过标准的管理方式进行管理，做事就不会出现特别大的纰漏，也不会产生特别大的差距，企业就会保持一定高度的管理水平，整个管理过程中的人员投入也会减少很多。另外，中建原有的 CI，各局都有一些差异。推行标准化管理后，中建标识的曝光率更高，人们就更容易感觉到全国到处都有中建的工地，企业的关注度比以前有了较大提升，这也有利于中建自身品牌知名度的提升。

李总，您的工作经历中也有很长的时间在中建系统，那么您认为中建系统的标准化管理体系好在哪？

李卫军：我主要从两个层面总结：第一，标准化管理体系展现了公司的整体性。原来公司的品牌形象是散落的，CI 对市场和客户的影响不一致，标准化管理体系形成之后，品牌形象提升，各局各部门都会获益。第二，从管理上提高效率。不同的工作面、不同的区域、员工的年轻化等情况都影响着管理经验，大家需要通过自己的实践总结出一些管理经验，这个过程很漫长。公司提出的标准化管理体系，是在总结的经验基础上生成的，适用性也经过了考验，管理人员据此开展管理工作，有利于避免多走弯路，并且保证了集团在管理方面的整体质量。

那么，中建集团在标准化管理的制定和执行方面有哪些经验值得借鉴？

杨晓毅：中建集团的做法是自下而上汇总情况，自上而下推广执行。标准制定方面，在宏观的标准范围内，根据实际情况进行了细化。因为我们的项目种类不一样，各工程局各有不同，这就需要先整体摸底、收集。完成所有的收集以后，组织专家评判、梳理，形成第一套的试行版手册，在集团中推广实行。这是一个宏观的标准，落到工程局后，需在中建股份集团这一层面的标准上进行细化；再分到各个项目，还需要在工程局层面的标准上再进行细化。实际上，这个标准化管理体系是"先从下到上，再从上到下"的变化过程。

集团层面上的标准很多是大框架性的，下一层的标准都不能逾越这个圈。落到具体做法、具体管理时，各个工程局有更细致的标准，这个标准化管理体系就是一个逐级细化的过程。标准执行方面，有量化的指标去考核执行效果。比如安全管理，一方面通过填报大量资料和数据，直接从项目到分子公司，从分子公司到集团，逐级传递数据，只要数据一采集上来，集团层面就都知道具体的信息。另外，集团对分子公司的检查，相对来说都是抽检的管理方式；各分子公司对项目也是采取抽检的方式。目前，中建一局集团已经制定了 BIM 的管理标准，这一管理标准有一个评分制度，或者说是评分的考核方式，即对各个分公司从公司架构、项目抽检等相关层面进行打分。在过程中很多方面都适用细化、可考核的分数体制，通过打分情况就能知道整个执行情况的真实状态，保证整个管理过程不会有特别大的偏差。如果靠人的主观意识去判断，没有量化指标的衡量，其实很难做到完全公平公正，但是通过具体、可量化的考核方式，是一就是一，是二就是二，整个事项考评起来就非常方便，并且相对客观。

李卫军：在我看来，标准化管理体系的建设对每一个企业来说都是有利的。那么，什么样的企业需要建设什么样的标准化管理体系呢？中建的做法是先到各个局进行摸底，查清楚中建系统内各工程局、分 / 子公司都是怎样的情况，分析标准内容应该有哪些、标准要建设到什么样的水平，这一举措值得各个企业借鉴。一个企业照搬其他企业的标准化管理体系可能是不行的，但借鉴较好的做法则可行。企业在进行标准化管理体系建设前，要明确目前自身的管理达到什么水平，哪些动作是可以标准化的，哪些不可以，然后再根据摸底情况建立符合自己的标准化管理体系。

建立标准化管理体系需要有相应的考核。考核的形式有很多，行政考核是其中之一。我认为行政考核不是最理想的考核模式，应该是在标准化管理体系下，设立量化指标，不仅能考核人员工作做与没做，还能具体考核到工作完成的程度，如离考核标准还有多少差距，或者超出考核标准多少，以此作为管理的依据。建立标准化管理体系的目的，是让大家在同一个标准下衡量工作效果。如果从平均水平之上稍微拔高一点，那么这个标准体系就会促进企业管理水平的不断提升。如果标准制定得过高，大家都够不着，那么这个标准体系则没有实际意义。这一现象非常普遍，公司层面制定了标准，但在执行部门由于无法达到要求导致标准得不到有效执行，那么标准化管理体系对公司就没有任何价值了。

我们和一些企业交流时注意到，标准化的管理动作是好的，但对部分管理业务过程而言，划定标准化动作可能会导致沟通变得更慢，不知道杨总怎么看？

杨晓毅：标准化动作需要在顶层统一的基础上，结合实际情况进行细分的标准化管理。划定标准化动作导致沟通变慢，很可能是标准没有结合实际情况制定造成的。作为国际化的企业，标准化管理是最基本的要求。要想快速传达所有信息，就需要标准化。中建的标准化管理体系有其特点。比如安全管理，安全分为 ABC 三类：品牌项目要打高端品牌，这肯定是要达到最高的标准，属于 A 类；常规的项目安全标准为 B 类；比较小型的项目，由于工期较短，如果按照 A 类或者 B 类安全标准去投入建设，很可能还没把投入的成本赚回来，项目就已经结束了，这种情况下设置一个初步安全的 C 类标准，既能保证安全，又不会影响到整体的收益。可见，中建集团的宏观标准化动作是在统一的基础上，根据实际的项目分类情况，进行细分的标准化管理。如果完全不考虑实际情况，所有情况下都用同一个标准，那么标准化也是执行不下去的。所以，真正做标准化管理并不是只追求一个标准，而是有不同的选择，当然选择之后也是标准动作，只是标准不同。

也就是说，标准化管理体系的制定、执行不能一刀切，而是要结合实际进行细分。那么，新技术的发展对标准化建设能起到什么作用？现在 BIM、IOT、AI 等数字化技术的发展已经非常迅猛，这些技术应该如何与项目管理相结合？

杨晓毅：数字化技术能够保证数据的真实性、有效性，从而为管理真正提供支撑。中建集团早在 1998 年就开始做企业项目管理信息系统，但当时因为数据的分析、采集、处理存在问题，很多数据都只是简单展示，没有真正得到应用。当时的项目管理平台，需要专门安排好几个人天天输入数据。这样不仅工作量非常大，而且数据的真实性、有效性、完整性都是不可控的，无法真正地支撑项目决策。现在，BIM 取代了传统的人工输入，能够非常完整、清晰地处理前期数据，这些数据可以作为项目管理的基础数据；智慧工地平台可大量、快速地采集现场实际发生的数据，并且保证数据真实准确，能够传递到项目管理平台进行整体的分析和处理，让大家知道特定阶段内哪些风险管控点发生最多、哪些需要重点管控，从而为管理者提供决策依据。确保信息采集和传递的真实性、有效性，把数据真正整合起来，整体分析，这样才能真正服务于管理。我认为，只要能把信息传递起来，能把这些采集、分析都做好，整个项目管理水平就会有很大的提升。

李卫军：数字化技术作为一种手段，能够帮助企业提升管理水平。不管今后有没有新的技术，项目管理本身内容都不会有太大的变化。随着新技术的出现，我们对某些具体的管理手段的应用可能会出现变化。比如说 BIM 技术，以前我们更多的是通过看二维图，对项目施工做一个抽象的理解，但这对管理者的经验有很强的依赖性。现在有了 BIM 技术，施工前的项目策划没有发生变化，只是借助 BIM 的可视化，以前不能发现的问题现在可以更直观地发现；以前通过经验发现的问题，现在可以通过更直观的表现方式（如模型）被发现，这对从业者的管理经验要求比起以前会降低很多。相对而言，目前整个行业管理者年轻化程度非常高，年轻人对新技术有非常高的热情和敏感度，借助新技术，他们可以将同样的事情做到跟原来经验比较丰富的管理者一样的效果。这就是 BIM 技术对管理的影响。BIM 技术可以加快对年轻管理者的管理能力的提升，从而达到对项目管理效果的提升。同样，使用信息化手段会对产业化产生影响，对工人的能力也有提升，这是一个相互促进的过程。在这个过程中，可以选择最适合现阶段的行业发展水平。同时在整个行业能够接受的状态下，一步一步往下做，需要我们在特定的领域内实现精细化管理，从点到线再到面逐步提升。一些发达国家的管理精细化远超我们的水平，他们是在专职专岗的基础上，应用先进技术，从而提高管理水平，这也是值得借鉴的。

现在行业中普遍存在一种现象，就是 BIM、IOT、AI 等新技术难以推动。您认为这其中的主要原因是什么？应该如何解决？

杨晓毅：人员对新技术的应用能力影响着技术的推动。现在，整个项目的人员组成非常复杂，人员对新技术的应用能力差距也较大。想要在项目上推广这些技术，项目经理必须对相关技术有非常深入的了解。了解这些技术能给项目带来哪些价值，项目经理才会有推动的动力，从而加大力度在整个项目范围内真正推动新技术。比如 BIM 技术的推广一般都放在了技术部，项目现场也安排有专人负责 BIM 的应用。

然而，如果项目经理不能利用 BIM 技术实际指导现场，很可能出现 BIM 做归做，实际施工归实际施工，技术没有真正应用到施工过程中。实际上，现场做 BIM 应用的人，也需要有施工经验和一定的深化设计水平，这样做出来的东西才更贴合现场，才能更实际地去操作。

　　新技术的推动需要有顶层的重视及准确的技术应用定位。技术方案不同，在推进的过程中就会碰到不同的问题。对真正会用该技术的管理者而言，可能技术本身没有发生变化。但是在技术推进的过程中，大家还不了解这个技术，需要系统的指导。比如，这个技术到底能够解决什么问题，都需要项目上自上而下形成系统的认识。项目领导需要在精力上、财力上、人力上保持关注。这个过程中，新技术不一定能直接解决具体的业务问题，但可以在解决业务问题的过程中起到很大的作用。当然，这需要有一段对新技术形成成熟认知的过程，需要领导特别关注，并且更加深入地把新技术纳入到管理流程中去，同时需要公司出台一些行政要求，并与项目上的领导共同促进新技术的落地。

关于新技术应用标准方案的制定，中建集团是如何做的，有哪些考虑？

杨晓毅：在制定应用标准方面，中建集团是非常重视的。比如，中建集团有专门的 BIM 考评标准和 BIM 实施指南。考评标准会根据不同的应用，分别对应一个考评表。根据项目应用等级的不同，都会有细分应用的考核，而且中建集团把 BIM 的考核纳入子公司的总经理年度考评项中。中建集团还有专门的 BIM 实施标准管理手册，对于 A 类项目，有哪些具体的标准；对于 B 类项目，又有哪些相应的标准，这些都很明确。实施指南里还有一定的参考性手册，包括 BIM 实施策划、BIM 建模标准、BIM 族库建设等，通过一系列标准把内容固定下来。中建集团的标准化占比分几年逐步滚动，从最开始的 A 类应用标准占比要求为 20%、B 类以上的 40%、C 类以上的 80%，到现在的 C 类以上应用标准占比要达到 100%，所有项目要达到最低的应用要求，同时针对一些特殊项目也有特殊要求。不同类型的项目考核也有区别，比如基础设施类型、房建类型的项目在考核要求上也有所区别。

李卫军：标准是一种供大家共同交流的语言平台，在统一的标准下，信息和资源才能共享。我认为新技术应用标准的制定可分两类：第一类是刚才杨总所说的族库标准，应该包括族库的命名方式，建族库在选择什么软件、什么格式、什么文件等等。大家在同一个标准下建立的族库，只要创建一次，之后项目上的其他人员都可以重复使用，其他项目也无需重新建立族库，提升了工作效率。另一类是应用方面，酒店项目应该用什么样的标准，市政项目用什么样的标准，房屋装修用什么样的标准等，这样做避免了项目上应用技术的过程中自己去摸索，通过标准化管理提升效率。在企业层面，新技术的前期投入高于产出，后期可能会有更高的回报。这需要建立标准化管理体系进行管理。标准化管理体系的建设，不能直接照搬其他企业的做法，但可以借鉴成功的经验，同时要结合企业不同阶段的管理水平和管理模式，对应用内容及其深度进行调整。

湖南建工集团如何用 BIM 引领企业的数字化转型

湖南建工集团副总经理、总工程师 陈浩
广联达施工业务规划部总经理 李卫军

近些年，对于施工阶段的 BIM 技术应用，作为地方企业的湖南建工无疑走在了行业的前列。那么湖南建工在企业层面是如何规划和开展 BIM 技术的引进和应用推广工作的？从企业经营和多项目管理的业务层面，湖南建工对 BIM 技术所能提供的价值有什么样的需求和期待？

陈浩：任何新鲜事物的推广都要经历五个阶段，即知晓、熟悉、信任、转化、推荐。企业层面的 BIM 技术推广亦是如此循序渐进。总结湖南建工的 BIM 技术发展，主要是在完成了试点项目、以点带面、全面普及后，企业各层级都认识到 BIM 的价值，抓好契机建立了一套 BIM 中心运行机制和企业级 BIM 应用体系。

构筑"一体两面"的组织架构，一方面指的是 BIM 中心、BIM 分中心、BIM 工作站的三个层级架构，另一方面是指技术委员会和考核委员会。制定"三性"工作方针，"三性"即强制性、公益性和自主性：强制性即对企业每年新增项目的 BIM 实施率提出了指标性要求；公益性即对企业所属的项目提供免费公益的技术支持；自主性即 BIM 应用贯彻自有人员、自有设备和自主应用。

建立"两站合一"的项目推广模式，即"流动站 + 固定站"，BIM 中心人员担任流动站工程师，负责前期指导和后期回访；项目部成员担任固定站工程师，在流动站的技术指导下，掌握各项基础 BIM 技能，从入门到熟练。以"知识库"来整理技术成果，并在 BIM 中心网站共享。模型族库系统累积整理了 3 万余个常用参数化族，实现各项目工作站的族库标准化载入部署。

通过"以赛代练、以赛促用"的内部竞争和交流赛式，湖南建工集团累计举办了四届针对项目级 BIM 应用的"超越杯"BIM 大赛，三届 BIM 建模及应用的"建工之星"BIM 技能大赛。这两项赛事已成为了 BIM 工作技术交流的平台，反响良好，效果突出。在国内主要 BIM 赛事中，企业已获得了百余项大奖。

推行"里程碑工作计划"，覆盖认证申报、技术成果总结、BIM 普及推进、科技研发、企业信息化管理、项目业务经营、咨询培训等 7 个常态化内容，确保 BIM 中心的工作推动力源源不断。实施"走出去，引进来"的政策，积极参加国内外各层次、各类型 BIM 交流活动。到访湖南建工的企业数量也与日增加，接访外部企业单位交流 340 余次。集团累计选送了 4 个批次，共计 32 人次去 BIM 技术先进国家研习。

当前湖南建工正在围绕新的工作方向开展 BIM 应用。一是满足企业新时期的管理需要。传统金字塔型的分工、分权、分利模式已无法满足互联网时代的互联互通。在拥抱互联网的时代，湖南建工的方向是基于 BIM 技术来重新定义企业的组织形态，实现向互联网型企业的转型升级。围绕软科学研究课题"三级四线"，即基于 BIM 的建筑企业三级管理系统和工程数据云计算研究课题，以 BIM 数据作为主数据来分析管理企业整个链条的数据，挖掘各类业务数据间的映射关系和算法规则，汇总企业的大数据，建立"聚数云仓"进行分析、决策，以"云平台 + 职能管理组件"研发自动化和智慧型管理平台。

　　二是服务企业生产业务能力升级。当前已经成熟的 BIM 应用能力：工具级模拟应用、岗位级深化应用、项目级协调管理要得以能力固化和全面扩展。同时，不能停滞技术应用深度，要不断深入做到 BIM 技术的两个融合，即让 BIM 技术嵌入企业的全链条业务领域、让 BIM 技术融入项目的全生命周期服务中。企业 BIM 中心要形成技术专业、业务能力突出的生产力部门。目前湖南建工 BIM 中心已经具备了非线性设计及数控制作、机电工程设计安装及 4S 全程服务、BIM 咨询（BIM 教育咨询、工程数字传媒、施工咨询、全过程咨询）、数字化交付及智能运维、复合化 BIM 二次平台研发的能力。

　　三是服务企业保持行业内技术领先的需要。目前已经承担了湖南省智慧工地 BIM 云平台研究；成立装配式技术研究院，进行装配式 +BIM 的机电模块化、装修一体化、预制管廊、建筑部品的关键技术攻关和智能化全要素体系升级；同时以"绿色建筑和可持续发展城市智慧化建造和运维"申报了湖南省工程研究中心；并将国家级工程研究中心创建纳入计划，搭建起以 BIM 为核心力量的研发平台，充实科研力量，探索建筑业的两化融合之路。

　　李总，听过湖南建工集团在 BIM 应用推广上的分享，您认为有哪些经验其他企业也可以有所借鉴的？

　　李卫军：湖南建工集团经过多年的探索实践，总结出了一套适合自身特点的应用方法，其中相当一部分经验和过程积累可以供同行借鉴，小到一些 BIM 应用点的应用指南（如总结形成的 BIM 应用指南），大到企业 BIM 规划的方法等。刚才陈总以时间为维度，先回头看湖南建工是如何走到今天的，然后又继续向前看，湖南建工明天打算往哪走。前面的经验可以给那些刚起步或应用 BIM 时间比较短的同行借鉴，后面的经验可以让大家看得更远，做长期的规划用；借前车之鉴，应该可以解答很多企业在 BIM 应用中的疑虑。

我们发现湖南建工的 BIM 推广经历中有两个鲜明的特征：第一，BIM 技术作为一种新技术，和其他新技术发展应用遵循一样的规律；第二，掌握必要的软件只是 BIM 推广应用的基础；BIM 技术的这两点认识对其推广和应用有着非常关键的作用。

陈总说的任何新鲜事物的推广都要经历的五个阶段，实际上就是新技术发展的必然规律，BIM 技术作为一种新技术，和其他新技术发展应用遵循一样的规律。我理解这是刚才陈总在"回头看"，湖南建工的经验表明，这一过程一定要亲自实践，而不是委托第三方来做，这点我们在和湖南建工的合作中体会很深。每个阶段都有总结和积累，比如他们的"一体两面""两站合一""以赛代练、以赛促用"等具体应用方法，这种形式应该有通用性，各企业可以借鉴，但具体的实施内容有些还是很有企业特色的，各企业还是应该结合自身特点总结出适合自己的方法，这些是没法照搬的，同时推广的节奏、范围也是个性化的。

对于陈总所说的现阶段的主要工作和应用，大部分内容可以理解为"向后看"，是经过前期的积累和总结，将 BIM 技术和管理融合的过程，也是"转化"的过程，小到岗位人员的管理习惯，大到项目的管理模式，BIM 技术都有不同程度的影响。经过前期实践和对 BIM 技术的理解和信任，将 BIM 技术和企业现有的管理体系结合，重新塑造"基于 BIM 的建筑企业三级管理系统""基于 BIM 技术来重新定义企业的组织形态"，应该是管理和 BIM 技术的深度融合，最终实现企业的转型升级。所有这些"转化"很显然不是简单靠 BIM 软件就能解决的，需要企业决策层、甚至是最高决策层达成共识。

当然，在我看来 BIM 的价值不仅仅单纯体现在施工阶段，在我国设计施工一体化进程中，甚至是促进建筑全生命期各个阶段的融合，BIM 能发挥哪些作用？我想听听陈总是如何看待的。

陈浩：工程总承包模式的确已经成为我国建筑行业不可逆转的趋势，这是由两方面因素助推的。一是与国际市场接轨，将中国"工程建设力量"推向世界；二是国内市场环境下，市场竞争程度日趋提高，设计施工一体化能向客户提供一站式服务。

BIM 技术将各割裂的业务板块串联整合为全面协同、资源共享、业务数据互通的模式，使得项目实施期间充分发挥数据互通优势，提高项目协同管理能力，显著提高企业市场竞争力。"施工阶段"在项目建设过程中起到承上启下的作用，一直也占据着工程建设中最多的费用和时间。施工阶段 BIM 技术应用的数据交付程度，从工程设计蓝图覆盖到工程实体竣工，也是数据量最多、最大的阶段。通过创建 LOD3.5、LOD4.0、LOD4.5 各阶段的精度信息模型，在各阶段收集整合设计方、施工方、建设方的具体需求及创建标准体系，来搭建信息传递桥梁，"承上"深化项目设计，"启下"实现项目成本管控最优。随着建筑信息模型数据从规划、设计到施工、运维各个阶段不断的完善、整合与升级，BIM 技术将不仅仅运用于工程项目的某一个阶段，而是全生命周期的应用。

近几年 BIM 技术在项目上的应用，从一开始的技术管理应用，慢慢向生产和商务多方面管理拓展，那么陈总您认为 BIM 技术应该如何与项目管理的业务进行全面融合？

陈浩：2014 年英国 NBS 机构发布的 BIM Level 评价标准中，将 BIM 的应用水平划分为四等级：Level 0 BIM 即无协作的工作模式，仍然停留在二维 CAD 展示信息的项目；Level 1BIM 即创建 3D 模型来辅助工程设计，但数据难以在项目成员中互用，只被承包人管理；Level 2 BIM 即各方基于通用的文件格式，使任何成员能结合自己的数据，整理出一个集成的 BIM 模型；Level 3 BIM 即基于各种规范下的协作，各方均能完全共享使用同一个 BIM 模型，消除信息冲突。

在 NBS 的评级体系中，将 BIM 数据的传递和项目成员间的工作协同列为主要参考，倡导 BIM 应用水平由技术驱动过渡到管理协同，提醒人们 BIM 不单单是一个专业的技术工具，更需要人们将 BIM 数据能融入管理，串联业务岗位，击穿管理层级。

在国内，BIM 技术在施工项目的发展，也开始了 BIM 平台化的管理应用，尤其把重点聚焦到了 BIM 和生产管理、商务管理的融合。这个趋势要求熟练地应用各类工程管理方法论将 BIM 数据筛选过滤；进一步来说，对 BIM 平台提出了新的要求，BIM 平台要进化为知识型和智慧型平台，让工程数据成为一种可计算数据，将成熟的经验和管理方法论变为一种计算规则。

举例来说，首先是 BIM 模型的数据精度不单要到 LOD3.5—LOD4.0 的精度，更要包含相应的非几何施工要素信息，可结合 4M1E 法进行现场要素管理。其中 3M(人、机、料) 是 BIM 模型数据与商务数据的融合，在 BIM 平台上结合成施工 4D 模型；以 Project 进度计划来进行工序管理，模拟施工方法计算，这是 1M（法）生产的融合；平台能够对模型相应的构件和部位内容做到现场安全管理方案的导出，这是 E（环）的结合。

再进一步，将 PDCA 循环管理融合到 BIM 平台开发，BIM 平台进行 5D 进度模拟后，可以在关键节点导出动画切片，但生产管理的本质需要的是一种数据切片，该点的进度、工程量、工序等关键控制数据可以用来做计划（Plan）；实施阶段在该节点往平台同步实际数据，这是执行（Do）；平台内嵌的计算规则将生产数据结构化处理并自动计算，这是检查（Check）；平台的判别结果以形象化的警示亮灯、数据排名、趋势判断、生成改进方案来提醒，这是处理（Action）。

即便对于 BIM 工程量清单结合生产管理的应用，也可以拆分为更多层级的 BOM 清单体系，推行多维管理。平台内敛入 BOM 清单管理体系后，可将庞大的 BIM 工程量清单拆分细化为单个、单量，也可按照生产管理过程，生成虚拟线数据（施工图预算量）、目标线数据（施工预算量）、实际线数据（需求量、采购量、领料量、剩余量）、评价线数据（对比量），从而实现工程计价、成本管控与生产资源调配的精细管理，实现全过程资源用量的动态监控与统计分析。

作为数字化信息服务商，李总您认为应该如何解决 BIM 技术与项目管理全面融合的问题呢？

李卫军：为什么是从技术管理应用向其他管理拓展，刚才陈总从 BIM 技术本身的发展过程做了一个解释，我们也可以换一个视角来看看这个问题。其实原因很简单，这也是管理的自身规律，我们都知道工程项目管理有一句老话叫"技术先行"，在施工管理过程中首先要进行的就是技术策划，技术是工程管理的起点，生产是将技术成果进行转化的过程，转化过程中必须要考虑其费用投入、各协作方的分工和配合等。

随着 BIM 技术从项目技术管理向生产管理、商务管理等领域的拓展，管理对信息的要求越来越多，不同的信息或数据间还有内在的业务逻辑关系，这就会对 BIM 软件系统提出更多的要求，同时 BIM 技术因其独特的技术优势会对管理动作或过程产生影响，最终也会形成一种基于 BIM 技术的新型管理模式，我们习惯把这种系统叫 BIM+PM 管理系统，如果扩大到企业，可能会形成基于 BIM 的新型企业管理模式，陈总提到的"基于 BIM 的建筑企业三级管理系统"实际上就是已经到企业管理的范围，所有这些都可以认为是 BIM 技术的应用"转化"过程。这种转化需要解决两个问题：

第一，新型项目管理模式的重塑；第二，适应这种管理模式的 BIM+PM 管理系统。无论是管理模式的重塑还是 BIM+PM 管理系统的形成，都不是一蹴而就的，是一种创新的过程，需要经历从点到线再到面的一步步实践总结完成。在此过程中，需要管理业务和 BIM 技术不断的碰撞，这个过程也是软件商和像湖南建工这样的企业，像陈总这样有想法的业内专家碰撞所完成的。

举个简单的例子来说说由技术管理向生产管理拓展时软件商要做哪些事吧，按照传统管理技术口形成了一个施工方案，比如一个剪力墙施工方案，要把这道墙的施工完成，需要生产口调动机械设备进行模板就位，组织一定数量的劳务班组等生产资源，在浇筑过程中还有需要重点关注的事情等等，这些都是生产管理所需要的信息，而且这些信息很可能在施工过程中还在发生动态变化，这都是向生产管理拓展要解决的问题，业务专业性和应用体验都是产品设计所要考虑的事情，这一过程需要和用户多次的碰撞完成。

当然，在此过程中，我们也发现企业在 BIM 的推广过程中，都会考虑 BIM 带来的价值问题。对于 BIM 技术在施工企业的应用价值应该如何客观进行评价这一问题，不知陈总您是怎么看的？

陈浩：通过多年发展，BIM 技术在项目建设过程中的各类应用已逐渐形成体系，尤其在项目层面 BIM 的应用方法已经较为成熟，价值也显而易见。而上升到一个层面，企业间 BIM 技术的价值转化却不尽相同。

其一，BIM 技术在施工企业的应用价值可概括为三个层面：节约、集约、增值。项目层面的价值主要为节约，体现为项目的降本增效、效率提升。公司层面的价值主要是集约，表现为对多个项目数据的协同处理与应用，发挥项目管理的规模效应、集群效应，让资源和信息更为对等。而当企业在全面拥抱互联网的进程中，集团型企业层面的价值是增值，即通过项目全产业链各要素的共同参与，项目建设全周期不同阶段数据的自动流转，实现各要素的协作赋能。

其二，而要充分释放 BIM 技术的以上价值，应用环境的建设是关键。保持一颗高质量种子的良好生长态势，离不开良好的生态环境，BIM 技术的价值体现，同样需要良好的应用环境来造就。仅从相对单一的技术层面对 BIM 技术的应用价值进行评判，就认为 BIM 技术无用、BIM 技术万能，或者关于其价值高低、技术优劣的各种论断都显得相对狭隘。因此，施工企业若要将 BIM 技术应用价值最大化，需要逐步完善的是 BIM 技术与企业环境的匹配，包含了 BIM 技术团队建设、公司组织架构相应调整、管理方式优化和治理思路变革，等等。

在 BIM3.0 阶段，施工企业推行 BIM 应用的过程中对 BIM 人才的培养、应用方法的总结、系统平台的搭建方面，湖南建工有哪些经验可以与我们分享？

陈浩：相对于其他企业而言，湖南建工的 BIM 培训已经成为一种稳定的自我驱动的模式。自 2015 年年初创办"BIM 学院"，现已经第四个年头，形成了三个层次的 BIM 培训，累计完成了 2400 人次的培训。

初级 BIM 培训面向新入职员工，进行宣贯培训和理论学习；专业 BIM 技能培训面向有一定工作经历的专业工程师，包含三大类九个专业的 BIM 建模和技能应用培训；中高层 BIM 培训面向企业的管理层和决策层，提升中高级管理者的信息化管理水平，达到懂得 DT 数据化、管理平台化、IT 系统流程化。培训的环节中，设置了项目案例教学、工作站现场轮训、海外授课教学等特色环节，形成了成熟的 BIM 专业技术人员培养与考核模式。定期邀请省内外知名 BIM 专家现场指导，邀请集团内外项目 BIM 实施经验丰富的工程师授课，形成了教学相长、学以致用的良性循环。

当前很多企业开展信息化工作，仍以"瀑布式开发"为主，即严格遵循预先计划的需求、分析、设计、编码、测试的步骤进行，力图做到"大而全"的系统。其严格的分级导致自由度降低、灵活性不够，演变为"一次性投资"，造成信息基础设施建设能力不能满足客户日趋增长、多变的业务需求。

湖南建工在自身系统平台的开发上采用"敏捷开发、小步快走"的思路，DT 和 IT 建设并举。在进行企业级云平台开发前，已经进行了"集群管理平台"开发，且进行了多轮的升级，再将"集群管理平台"注入大数据和云计算技术，引入 BIM 进行各类数据的逻辑联系。而各类专业的垂直业务系统，则是以标准化接口、网络的兼容性进行业务和技术的分层和解耦，前端在功能及交互上力求精巧灵活，动态支持各类业务需求变革。"三分建设，七分治理"，系统部署完成后，更重要的是配套相对应的管理制度和工作协同模式，持续改进，持之以恒。

新一轮科技创新和产业变革中，信息化与建筑业的融合发展已成为建筑业发展的方向，将对建筑业发展带来战略性和全局性的影响。可以和大家分享心得的是，行到水穷处，坐看云起时，企业的信息化和 BIM 之路的最大困难之处，也是风景最美之处，也是接近成功的转折之处。

我们正在进入 BIM3.0 的时代

广联达科技股份有限公司副总裁、BIM 业务负责人 汪少山

作为建筑行业的新技术，BIM 的应用成为近年来行业持续关注的话题。针对 BIM 技术在建筑业的发展，在经过了长期实践与总结的过程后，行业内也逐步形成了对 BIM 应用价值的认知共识。不久前，广联达正式提出了 BIM3.0 阶段论，宣布 BIM 技术在建筑业的发展进入了一个崭新的时代。2015 年，广联达就提出了 BIM2.0 的阶段论。经过三年时间的发展，现今又提出了 BIM3.0 的理论，那么提出这一阶段理论的想法和背景方面，广联达作了哪些方面的考虑？

汪少山：在我看来，与 BIM2.0 的阶段论相同，我们提出的 BIM3.0 是 BIM 应用发展到现阶段的必然产物。我们都知道，BIM2.0 是从设计阶段转向施工阶段，从建模转向对模型的应用。在这个阶段中，广联达也在积极地推动 BIM 应用的发展，我们连续与行管协会共同编写了两年的 BIM 应用报告，也在此过程中作了大量的行业调研与企业摸底，发现建筑业企业在 BIM 实践中普遍存在一种疑虑，就是 BIM 应用所带来的价值没有想象的那么明显。对此，我认为主要原因是在 BIM2.0 阶段重点是以单点的应用为主，这种单点的 BIM 应用所带来的价值是有限的。我们在编写 2018

年 BIM 应用报告的调研过程中也明显看到了一种趋势,有越来越多的企业正在推动 BIM 应用与原有的管理进行融合的实践,在此过程中企业也感受到了 BIM 技术所带来的更大价值,同时我们也对国际上一些先进的 BIM 应用国家的发展情况进行了分析。基于此,广联达公司大胆提出了"中国正在走进 BIM3.0 时代"的阶段理论。

关于 BIM3.0 阶段理论提出的背景,主要可以总结为三个方面。首先是要遵循事物的发展规律,任何技术走向成熟应用都需要产生价值,这是新技术发展的规律。对于 BIM 技术而言,经过了长期的实践我们总结出,想要发挥 BIM 技术的更大价值,就需要 BIM 技术的应用与管理进行结合。其次是要明确 BIM 技术的含义,从 BIM 的原生定义来看,BIM 即建筑信息模型,可是我们往往只关注了"模型",忽略了"信息"的价值。在建筑业的发展中,无论是信息化大数据,还是国家所提倡的数字建筑、数字城市,背后都需要有"模型"和"信息"这两个方面来支撑,而且"信息"可能比"模型"更重要,这就要求我们把 BIM 中"信息"的应用进行不断的发展。最后是要正视企业的诉求,针对企业的管理而言,一线的信息数据几乎很难做到同步采集和层层传递,渐渐就形成了信息化推进的瓶颈,就是我们常说的最后一公里的信息孤岛。而 BIM 技术可以成为连接这些孤岛的桥梁。BIM 的可视化、集成性、协同性,使得模型和信息的结合能够贯穿建筑全生命期,从而满足企业的管理需求。

请您简单介绍一下 BIM3.0 阶段的典型特征,您认为施工企业在这个阶段推行 BIM 应用需要做好哪些方面的准备?

汪少山:BIM3.0 时代进入了 BIM 技术与管理全面融合的应用阶段,它标志着 BIM 应用从理性走向攀升阶段。BIM3.0 阶段主要呈现出三大特征:从施工技术管理应用向施工全面管理应用拓展、从项目现场管理向施工企业经营管理延伸、从施工阶段应用向建筑全生命期辐射。

现阶段，BIM 早已不只是停留在技术层面的研究。调查显示，认为 BIM 技术与项目管理信息系统的集成应用，实现项目精细化管理将成为未来趋势的比例高达74.5%。BIM 技术已经逐步深入到包括成本管理、进度管理、质量管理等各个方面，BIM 技术与管理的全面融合成为 BIM 应用的一大趋势。同时，有越来越多的企业已经将 BIM 的应用从项目管理逐渐延伸到企业经营层面。企业通过应用 BIM 技术，实现了企业与项目基于统一的 BIM 模型进行技术、商务、生产数据的统一共享与业务协同。保证项目数据口径统一和及时准确，实现了企业与项目的高效协作，提高了企业对项目的标准化、精细化、集约化管理能力。此外，BIM 技术也逐渐从施工阶段为主的应用向全生命期应用辐射。BIM 作为载体，能够将建筑在全生命期内的工程信息、管理信息和资源信息集成在统一模型中，打通设计、施工、运维阶段的业务分块割裂、数据无法共享的问题，实现一体化、全过程应用。

关于企业应该做好哪些准备来迎接 BIM3.0 时代的到来，我认为主要有三个方面：第一是企业尤其是领导层，一定要有变革的决心；第二是先从点的应用入手，有规划地逐步进行推进；第三是要有耐心，一步一个脚印地坚持走下去。

在近两年的建筑业 BIM 应用发展报告中我们了解到，关于 BIM 实施推进中的阻碍有很多方面，您认为企业在推行 BIM 应用过程中的最大阻碍有哪些，应该如何解决？

汪少山：在我看来，BIM3.0 阶段企业推行 BIM 应用的阻碍主要集中在三个方面：缺少 BIM 价值的衡量标准、缺少 BIM 应用实施的有效方法以及缺少 BIM 人才。

对 BIM 价值应该如何衡量，现阶段还没有一个科学的评价体系，尤其是企业最关心的经济价值方面更是无法具体量化，这就导致了 BIM 应用价值常常受到质疑。

据清华大学顾明教授的研究数据显示，企业 BIM 的应用率超过 30%，投资回报率是正的；应用率小于 15%，投资回报率很可能会是负的。现阶段大多数企业 BIM 的应用率相对不高，看不到投资回报就成了普遍现象。同时，BIM 标准不统一造成上游的模型很难在下游被复用，重复建模严重，数据无法有效共享和传递，这都导致 BIM 模型价值无法完全体现。由此可见，建立一套能够衡量 BIM 价值的评价体系尤为重要。对于企业而言，推行 BIM 技术一定要有做投资的心态，而不是简单把它看成一个项目的成本投入，马上就要回报。打个比方您有一袋玉米种子，如果要快速回报，您可能得到的是一袋爆米花，但是如果把它播种到地里，那得到的可能就是一片玉米地，不过需要等到玉米丰收时才能看到更大的收获。当然，BIM 应用的投资相对更为复杂，这就要求企业一定要有清晰的规划以及阶段性的成果要求，这样才能保证这笔投资更具科学合理性。

在应用方法方面，大部分企业由于缺少科学系统的 BIM 实施方法，导致 BIM 技术的推广受到严重制约。去年（2017 年）的 BIM 行业报告调研显示，企业缺乏 BIM 实施经验和方法是企业碰到的主要问题，达到 36.7%。进一步数据表明，科学合理地实施规划有利于企业 BIM 应用的效果，具有清晰的近远期 BIM 规划目标的企业，BIM 推进效果非常满意达到 28.3%，基本满意达到 54.4%，远远高于无规划企业 3.8% 和 19.4% 的满意度水平。BIM 作为新技术应用，应该遵循科学的实施方法，包括科学规划、配套保障、应用标准评价等内容，正确的实施方法对 BIM 应用效果和价值的发挥具有关键作用。

从 BIM 人才的角度看，缺乏 BIM 人才是企业在推进 BIM 技术发展过程中最大的阻碍，对于企业而言，建立完善的 BIM 人才体系尤为重要。BIM 应用人才体系建设包括组织结构、人员分工、人才培养方法、人才考核评价方法等一系列内容。BIM 人才的培养可分为项目和企业两个层面。项目部层面需要通过建立项目 BIM 中心，联合软件供应商、咨询单位等，结合项目特点，通过实践培养人员 BIM 应用能力，形成 BIM 应用岗位职责要求、考核评价方法及和 BIM 咨询方的协作分工等管理体系。公司层面需建立企业 BIM 人才培养体系，通过公司级 BIM 中心等专职机构，建立 BIM 专职人才和管理团队协作的组织结构体系及配套的职责分工等内容，因 BIM 技术的推广方向与各企业的管理模式有很强的相关性，这就需要企业对如何将自身的管理流程和 BIM 技术相互融合进行探索。

在 BIM3.0 的时代下，您认为 BIM 技术在全行业的应用该如何发展？请给出您的建议。

汪少山：新技术的发展一定有其自身的规律可寻，基于广联达多年以来持续对行业进行的调查总结与研究分析，我认为 BIM 技术的推广应用，政策是驱动，价值是基础，平台软件是工具。

政策的驱动方面，我国的 BIM 标准已经初成体系，但与 BIM 应用领先的国家仍存在差距。随着国家层面的 BIM 标准陆续出台并逐步完善，地方性标准以及不同专业标准也相继成形，再加上企业自身制定的 BIM 实施导则，将共同构成完整的标准体系，指导 BIM 技术科学、合理的良性发展。同时，BIM 的发展也将影响着政府监管方式的改变。BIM 越来越普及的应用是政府开放信息平台、实行资源共享的有效手段。随之而来的"互联网+"、智慧城市、绿色建筑、参数化设计，对政府监管方式也提出了新的要求。

应用的价值方面，新技术的革新都将伴随模式的变革，而 BIM 在项目的落地不仅仅是把模型建好、把数据做出来，更重要的是结合项目的管理，融入现有的管理模式，和管理强结合，进而优化流程和制度。BIM 的协作可以将管理前置，降低风险，让上下游各方直接受益。基于 BIM 平台的信息交互方式使得项目管理各参与方信息共享和透明，将原来各自为利的状态转化为追求项目成功的共同利益，从而实现各自最大利益化，推动管理模式的革新与升级。

平台的选择方面，BIM 的数字化属性与云计算、大数据、物联网、移动技术、智能技术具有天然结合优势，这为搭建多方数据信息协同的应用平台提供了支撑。推动企业 BIM 应用发展将会经历一段过程，在选择 BIM 平台时就需要从多方面考虑。值得一提的是，随着企业应用项目数量的不断积累，BIM 平台的信息数据安全就将成为企业最为关心的一大问题。从整个行业角度看，所有工程信息的数据安全甚至需要提升到国家层面来看待。这就要求我们应用自主研发的图形平台，以保证数据的安全性。

毋庸置疑，BIM 技术是未来十年建筑施工行业的重要发展趋势之一，不过 BIM 应用是否能有更大的突破，企业在其中将起到至关重要的作用。在 BIM 技术的发展过程中，企业对 BIM 技术解决实际问题的诉求会反过来推动政策标准的制定。总之，我们仍要对 BIM 技术的发展保持坚定的信心，BIM 技术发展的道路是曲折的，但 BIM 技术应用的前途是光明的！

不要做日光灯，我们要做太阳

中建三局绿色产业投资有限公司总工程师兼设计研究院院长　杨玮

众所周知，2013 年，您在 34 岁之时就担任了广州东塔项目总工程师，并且在东塔项目推行基于 BIM 技术的总承包项目管理系统，让东塔项目成为国内首个应用 BIM+PM 平台的项目。如今过去了 5 年，那么现在您怎么看 BIM 技术？您觉得 BIM 技术在整个建筑行业的信息化转型升级中扮演着什么样的角色？从 BIM 技术引进到中国以来，它给行业带来哪些变化？

杨玮：BIM 这个词是舶来品，但我并不认为这个技术只能从国外引进。我觉得这是一个行业自然发展的产物。如果不从国外引进，中国自己也会研发出这个技术，只是时间早晚的问题。BIM 这个词有官方的解释："建筑信息模型"，这里的模型指的是三维模型，但其实我更想把它理解为数据模型。因为 BIM 中的"I"，Information（信息），是 BIM 最核心的价值，是 BIM 的灵魂。信息的运用需要需求方通过数据建模来实现。所以，我的认知里 BIM 就是一个信息成长的过程，而不是一个工具或者一个平台的成长过程。当然，这只代表我个人的理解。

BIM 在行业信息化的转型升级中主要服务于管理思维的变化，它是一个管理工具。

以前中国的建筑行业是大体量快速发展，对应的是粗放式的管理。现在大家开始追求品质和效率，把速度降下来，慢慢追求精细化管理。对于建筑行业从业者来说，我更希望大家不只是把 BIM 当成一种技术和工具，它是一种管理方式，或者管理理念。这个理念虽然很好，但我还是要说，它不是一个很新的东西。它的核心就是不再凭经验去管理，而是基于数据来分析，支撑我们做下一步的管理动作和决策。这就是现代社会从经验管理转向科学管理的发展过程。至于这些数据是通过一个个数据表单来存放和呈现，还是用三维模型等一些更可视化的方式，不是最重要的。我觉得只要它有数据分析模型，就都可以叫 BIM，所以 BIM 回到本质，就是项目管理中的数据管理。如果是数据管理，那么建筑业里每天都有存在和发生。

至于 BIM 在建筑领域里扮演什么角色，我不好说现在它扮演着什么角色，但理想情况下 BIM 就像人们平常生活中的吃饭睡觉一样，很基础，但很重要。那时候它已经融入行业里，你不会特别注意到它的存在，但是你却离不开它。但现在整个行业都还在剧烈地变化，城市在变，政策在变，人在变，至于这个变化要多长时间，我们不好回答。现在多方因素都在推动，一方面是行业自身的需求，另一方面则是技术推动着行业快速成长。

这两年 BIM 应用从纯粹的技术管理应用，向更加全面的生产和商务管理的综合应用延展，您觉得这变化是不是因为 BIM 技术给我们的信息化工作打开了一个更大的空间？

杨玮：我觉得并不是因为有这个技术才打开了想象的空间，用信息化提升精细化管理这个理念我们很早就提出来了，但确实 BIM 提供了一个有效的支撑。

这么多年我们的信息化推进乏力，比起技术和工具，我觉得更重要的原因是行业从业人员提不出具体切实的需求。大家都在讲管理和 BIM 技术融合，我们依据什么来融合？我觉得就是根据业务提出的需求，再基于需求的逻辑关系，把整个系统串起来。当时做广州东塔项目，我的工作其实就是要把这个逻辑关系梳理出来，通过进度计划这条主线，把商务里面相关的信息串联起来，这是我们谈 BIM+PM 里最核心的东西。东塔当年的 BIM 应用里有一个特色，就是模块数据包。每个模块单独建立数据包，其实这也是在弱化应用者的需求难度。

但其实这些也都是在探讨"如何做"的问题。我一直认为"做什么"比"如何做"更重要。真正让技术跟管理融合，应该要从观念上先融合，不要认为技术就是技术，管理就是管理。而管理和技术融合的观念要形成，前提是要认识到数据的重要性，不然有再好的数据模型或者工具也无济于事。这件事情才是目前行业里急需要解决的问题。而这个问题，BIM 解决不了！为什么从东塔项目结束回到公司，我心里其实挺反感把 BIM 抬得太高，不是不认可 BIM 技术，而是怕大家本末倒置了。我们离理想的 BIM 还差十万八千里，还是要先老老实实补课，把基础动作做扎实。如果要制订计划，就先从业务着手，什么计划，怎样制订，什么样的逻辑关系，配套资源是什么，达到什么样的功效和目标，都得真正理清楚。如果这层逻辑没有理清楚，则意味着所有背后的动作跟信息没有关系。而当我们的动作跟信息都没有关系的时候，谈什么 BIM 呢？BIM 可是信息的逻辑承载。如果都不知道数据有什么用，甚至不认可它的重要性，那样的 BIM 有什么意义？可不就成了做样子？我们倡导的是让管理者先养成看数据的习惯，作决策要基于数据分析和判断。哪怕现在没有完整的数据，任何一个点的数据也都是有其价值的。

所以，我一直认为现在急需的不是工具，而是对数据的重视，对科学管理本质的认同。先观念，再方法，最后才是工具。你可能觉得我有点理想化，其实我很务实。因为我知道不能等到什么事都顺了，才开始迈出我理想的第一步，这个理想是要我们在残酷的现实里自己去实现的。比如我们搜集一个业务点的信息，梳理逻辑关系，等到一个小架构搭出来，马上就可以支撑某些管理行为，这就让我们离理想又近了一步。

如果我们在前面达成了观念上的一致，那后面就容易多了。你问我 BIM 的重要性，那我觉得它就是支撑我们管理转型的最核心抓手。精细化管理的基础就是要搭建基层信息体系，包括点状的信息以及信息之间的逻辑关系。也就是说，如果 BIM 的定位是信息架构的建设，那么他就扮演着至关重要的角色。但如果说 BIM 只是搭一个平台建一个模型，搞几个应用界面，那 BIM 就是可有可无的。

如果认知对了，那么 BIM 就很有价值，可是在现阶段，施工企业到底怎么客观衡量和评价 BIM 的价值呢？

杨玮：这个不是我们现在该提的问题。至少不应该被单独拿出来提问，这是一个综合性问题。

现在国内推行工程总承包，这个机制本身最大的课题就是如何解决价值量化和价值再平衡的问题。我在很多场合提到过，要理解价值量化这件事情，一定是基于数据建设，而且必须综合来判断。你说我的设计比别人便宜，凭什么？你说我用了这个技术以后，功效提升 50%，又凭什么？比如说用 BIM 软件做碰撞检查，张三的模型，我们检查出 100 条碰撞，而李四的有 1000 条，那你就能说张三的 BIM 应用价值就只有李四的 1/10 吗，显然不是。因为还要考虑到张三和李四的设计能力可能不同，也可能是两人的责任心不同。

第二个是价值再平衡，就是基于价值量化的条件下，通过我们的管理动作，让占便宜的人让一部分的利出来弥补吃亏的这些人，从而让所有的相关方能够针对这个项目实现整体价值的最大化。但我们现在各方利益是割裂的，每个人追求独自板块的效益最大化，那一定会牺牲整个项目的整体效益。

总承包的模式核心是打造一个利益共同体。利益共同体背后的内涵就是价值再分配。价值再分配的基础动作就是价值量化。价值量化的背后就是数据建设。所以我为什么现在不想跟他们谈 BIM，以及单独谈它的价值衡量，因为数据都还没有建设起来时，价值衡量体系无从谈起。

这个数据体系有行业的标准，也有企业的标准，以及项目自身的标准。因为每个企业的水平是不一样的。所以我说过 3 天做一层是合理的，5 天做一层也是合理的，7 天甚至 10 天做一层也都可能是合理的。一般的项目我们施工企业会拿到甲方给的结点要求，按照结点排出来需要 3 天就 3 天，需要 5 天就 5 天。但以后如果做 EPC，甲方只给我们最后的结点，那每个项目的结点计划就是根据项目自身情况来做了。没有百分之百的标准化和行业价值衡量体系，但我们可以去追求里面一些可以固化的动作。1000 个人有 1000 种管理方式，但是里面的标准动作，七成以上是通的。是哪七成，可能需要我们通过基础数据的积累来总结。这是一个非常基础，但非常难、非常累的工作，而且其好处可能要多少年后才真正显现。但如果不做，表面上看上去可能是新技术带来的风风火火，实际可能是管理水平的倒退，变得更加粗犷。

我们看到前几年建筑行业每年以 20%、30% 的速度在往上涨，但劳务人员的速度可没有这样涨。以前是 20 个人管 2 万平方米，现在是 15 个人管 20 平方米，人的精力和经验根本无法支撑做这件事情。越忙就越没时间作数据积累，越没有数据管理就越依赖人，整体效率就越低；效率越低，在高强度下，大家就越忙，形成了一个恶性循环。工人没有错，基层管理人员没有错。这应该是企业的战略问题，为什么国外很多大的公司有首席信息官，去梳理信息在公司的流程和价值。我们要让这个恶性循环慢慢通过企业的顶部发力停下来，然后朝着另一个良性的方向运转。企业越大，惯性越大，就越难调整方向掉头，但是越晚做，就越难做。

确实，认识到这个问题不难，但是要付诸行动去解决，去改变，是非常痛苦的。那您觉得在这样的转型过程中，施工企业要作哪些应对？

杨玮：这个问题有点大，咱们分几个层面说：

BIM人才培养方面，我前面提到好几次，先淡化技术，强调数据的意识，而且是全员的数据意识，每一个人每一天甚至每一个日常动作，都是有数据产生的。我们的管理其实就是收集数据，分析数据，然后反馈信息。这个意识树立了，每个人的数据行为固化下来，变成工作习惯，后面的技术和工具才会让你如虎添翼。至于意识怎么培养，我觉得有可能是自己领悟，也有可能是被领导甚至被行业倒逼。

数据方面，企业的数据搜集以及信息体系搭建工作，我觉得有两种方式可采用。我们如果把最终拼成的信息化蓝图想象成一个人，那第一种方式就是先把人形、骨架勾勒出来，也就是我们说的把数据框架先搭起来。然后再往里填数，逐步去填充这个人的血肉经脉。过程中我们需要慢慢把每一个点的收集方法、工具、范围都规划出来。我觉得这是最好的方式，因为框架搭对了，后面干的无用功就少。但这不一定是适合所有企业的方式，因为他要求企业有非常清晰的逻辑能力，以及对未来的预判力。第二种方式就是今天做一个手指头，明天做个膝盖，后天做个头发，你做手指头，我做膝盖，他做头发，每个人从现有工作开始做自己的一小块数据。一开始有点摸不着头脑没有关系，当做得越来越多的时候，慢慢就可以延伸然后找到和旁边板块相连的点。这可能是很多企业信息化工作的现状。但是不管是哪种方式，我想说都不要只关注了形式，没有深入到信息本身，要主动去思考信息的应用场景和价值。

　　机制和体系方面，我有一个观点：制度不是建立起来的，而是自己生长起来的。一开始我要求员工做的都是具体的事，做这个项目必须得做这么多事，这些事是可以梳理出来的。做好这件事情必然会产生很多数据，那就去搜集和分析，并且主动思考要反馈什么信息。至于你用什么方式做，由什么岗位做我先不管，我只考核结果，对结果我有自己的标准。做的过程中不同的企业有不同的玩法，每个企业在做的时候，都会去梳理并且一点点固化下来一些标准的动作，并且自己会去反复验证。这些固化下来的动作就是制度。然后各个点上的制度串起来就是你的体系。而不是我们请一个咨询公司站在顶上帮我定一些制度，告诉我要干什么，怎么干，很多制度还是他从别的地方搬来的。这样会造成两种极端，就像衣服太小了卡脖子，如果太大了，一看就不是自己的，总之不合适，用不起来。

　　机会方面，有这么一个故事，你问三个砌墙的建筑工人，你在干什么？一个说我在砌一堵墙，另一个说，我在盖一栋楼，还有一个说，我在造一座城。这本来是一个关于理想和目标的故事。但现在却是施工单位面临的机遇和挑战。政府现在借助民间的力量不仅仅是把建筑建起来，还要把这个区域的产业做起来。我们现在拿地的商业配置比重越来越高。三、四线城市拿一块地，恨不得50%～60%是商业配置，甚至更高的商业配置，开发商压力很大。当然，在北京可能感觉不到。商业配置的意思是营造产业环境。我们提前要研究这个地方的产业结构、发展方向是什么，短板是什么，能够补充什么，我们的方案能够给哪一个点做突破。我要跟政府谈，我们自己根据企业资源能力，要给你创造什么类型的项目，打造什么样的生态，吸引什么企业。所以说以前是在造房子，现在是造城。要考虑这个地方环境生态如何持续发展，所有的基础设施如何跟进建设。这时候，建筑业真正跟各个产业融合在一起，对于数据的需求面，特别是需要集成的数据范围在进一步拓展。建筑行业的数据建设已经远远落后于行业需求。这也是一个面向未来的重要机会。

关于理想方面，经过长期观察，我发现绝大部分需求方想得都很简单：希望能给到个什么东西，拿过来就可以用，一用就看到效果。哪有这么轻而易举的事情？所以我们如果要从根上解决问题，就是要做难而正确的事。中国人其实很聪明，大家真的不知道什么事正确吗？不见得！他们分析完了，发现正确的事太难了，难到可能还没有办法证明自己正确就已经死了。所以说，难的不是做正确的事，也不是正确地做事，而是明知道正确的事很难，但还是咬牙去做。哪怕现在能力不够，做一步，也就离那个伟大的理想近一步。迎接黎明前的黑暗，我们要做一个太阳，而不是 1 万盏日光灯。因为再渺小，我们做的事也是太阳的一部分。我知道做成了，它照亮的是整个大地。

一个民营企业在 BIM3.0 时代下的新思考

河南科建建设工程有限公司副总经理 马西锋

近年来，随着 BIM 技术的快速发展和应用，越来越多的地方民营企业开始借助于 BIM 技术探索企业及项目的精细化管理之道。作为河南省内民营企业推广 BIM 应用的优秀代表，河南科建的副总经理，对于 BIM3.0 理念中提到的三个特点，您有什么看法？您觉得在这个阶段还有什么其他比较明显的特征吗？

马西锋：BIM3.0 时代，应该以施工阶段应用为核心，应用重点从模型的可视化应用向模型所蕴含的信息（或者通过其他技术手段附加到模型上的信息）应用转变，从施工技术管理应用向施工全面管理应用方面拓展，即从原来的技术管理应用向质量、安全、成本、进度全面管理方向拓展。这恰恰是随着信息技术的发展，行业对 BIM 技术认知的加深和对建筑信息模型中的"信息"应用能力的提升。由于信息是复杂的、多维的、动态的，模型本身蕴含的信息无法直接适用于全面管理。BIM3.0 阶段对信息的要求更高，由简单物理信息集成提升至管理运营的层面，逐渐附加进度、商务等管理信息，满足更高层次的施工管理需求。

同时，在施工全面管理应用的基础上，我们提出，在范围和时间两个维度上进行拓展和延伸，即从项目现场管理向施工企业经营管理延伸，从施工阶段应用向建筑全生命期辐射。

施工阶段基于 BIM 技术的功能性应用，本身在一定程度上是对设计文件的结果呈现与验证，纵深发展是时代的必然。举例说明，通过 BIM 技术准确的核算能力计算工程量，能够提前复核工程经济性和设计方案可行性；通过科学的深化设计，可直接改进设计方案中的隐蔽型问题，规避返工风险，并直观作用于各类交底，将项目现场与施工企业经营管理、建筑全生命期各阶段串联起来。目前，BIM 技术显现出的价值还只是冰山一角，在 BIM3.0 阶段，这一点还将向更深度探索和发展。

河南科建在企业层面是如何规划和开展 BIM 技术的引进和应用推广工作的？

马西锋：河南科建在规划和开展 BIM 技术的引进和应用推广方面，主要聚焦于：充分结合企业自身特点，发挥企业优势。尤其是在选择承接工程的类别、制定 BIM 应用推广原则和制度等方面，充分体现了这一点。

长期以来，河南科建承接到的超高层建筑等大型工程数量较少，并且在今后较长的时间内还将保持这一态势。综合考量企业现阶段的工程类别、施工难度和发展方向，河南科建暂不考虑高精尖工程应用，而是从基础应用做起，专注于 BIM 技术应用规划和推进。公司参考了大量行业现行的 BIM 标准，与企业 BIM 技术应用规划相结合。比如：通过 BIM 技术实现施工质量样板化和技术交底可视化来助力"开展工程质量管理标准化工作"（建质 [2017] 242 号），科建通过借助 BIM、VR 等新技术，将二维图纸中的复杂节点等难点进行三维动画呈现，解决实体质量样板不能展示施工过程且成本投入较高的缺陷，在实践中解决质量标准化的基础性工作。

此外，河南科建积极发挥公司二级直营管理模式的优势，规划和开展 BIM 技术的引进和应用推广。河南科建所有项目均为直营管理，形成公司与项目管理团队股份制合作的成熟管理模式，具有项目管理团队执行力强、公司与项目数据透明度高、项目管理绩效评价机制完善且有效等管理特点。比如，河南科建在公司成立 BIM 中心，在项目上配备 BIM 工作站，由项目总工兼任 BIM 工作站站长，公司 BIM 中心负责 BIM 工作指导、BIM 技术人员的培训和绩效考评制度的完善等工作，整体推广阻力相对较小。

在此过程中，河南科建提出并贯彻了五大主要原则：项目部及企业 BIM 中心不贪大喜功，不盲目推进，量力而行；企业高层谨慎投入，循序渐进，不催促结果；重在 BIM 应用的落地；不纠结模型是否完美，满足阶段需求即可；制度完善，奖罚分明，鼓励为主。

以 BIM 应用推广制度为例，在奖惩制度上，形成了"用惩罚约束，用奖励鼓励，用数据价值吸引"的主要方法。河南科建专门出台了 BIM5D 移动端应用制度，明确责任到人，权责分明，并详细规定了特殊情况应急替代方案、月度总结流程及内容要求、各类奖惩标准及运行机制等。在月度总结会上，向项目一线人员讲解数据的价值，并将数据成果应用于日后工作中，使项目一线人员直观感受到 BIM 的价值，从底层应用开始提高 BIM 应用的积极性。

在项目 BIM 技术管理制度上，将建筑面积与 BIM 技术应用直接挂钩。建筑面积 1 万 ~ 5 万平方米之间的项目，要求一般性 BIM 应用；建筑面积超过 10 万平方米的项目必须进行深度 BIM 应用。此外，该制度还根据不同项目特点和 BIM 应用要求，明确规定 BIM 应用点、应用目标、管理方式、输出成果等指导性要求，以此为公司项目考评和项目实际开展 BIM 应用提供科学依据。

在企业管理层的多项目管控制度上，管理人员以公司 BIM 中心为核心，对项目层 BIM 技术人员进行大规模专业培训，对项目 BIM 工作站建立公司级绩效考评机制，每周定期监控与反馈，与公司整体奖惩制度挂钩。目前，河南科建对数据的实时运维与监控主要是基于 BIM5D 平台展开的，指定项目 BIM5D 平台的管理员实时监控项目 BIM 应用数据。随着公司项目应用的深入，仅依靠项目数据运维已经不能满足管理需求，未来将尝试 BIM 企业级平台的应用，打通项目管理数据，使其产生更大的管理价值。

近几年 BIM 技术在项目上的应用，从一开始的技术管理应用，慢慢向生产和商务多方面管理拓展，您认为 BIM 技术应该如何与项目管理的业务进行全面融合？河南科建对 BIM 技术所能提供的价值有什么样的需求和期待？

马西锋：作为施工企业，要根据企业自身特性量力而行，通过与行业各方的通力配合，实现 BIM 技术与管理的全面融合。对中小型企业而言，技术应用水平与项目管理水平很难做到全面融合，需要以 BIM 技术为抓手，逐渐向生产和商务多方面拓展。在此过程中，以下几点便显得尤为重要：

第一，要做到实用，减负增效，实现功能替代。通过 BIM 平台的应用，减轻施工现场管理人员的负担，提高工作效率。比如 BIM5D 推出自动生成施工日志功能，能够全面、直观、便捷地呈现施工信息，提高现场管理人员的使用意愿，从而与施工现场业务融合。否则，连有没有人愿意用都不知道，更谈不上整合了。

第二，BIM 技术与项目管理业务全面融合的制度与标准保障不可缺少。如果没有数据接口标准以及 BIM 应用标准等制度保障，很难实现真正意义上的全面融合。在融合初期，制度先行，为业务融合提供更多可能性。

第三，BIM 技术与项目管理业务的全面融合最终要靠人来实现，提高组织合理性和人的效率也是必要条件之一；根据企业特色来制定组织结构，选择合适的人来承担 BIM 工作岗位，比如河南科建是由项目总工来兼任项目 BIM 工作站站长职务，既具备多年的施工现场经验，又有 BIM 技术水平，保证组织的合理性和工作效率，合适的人做合适的事，对全面融合是极为有利的。

第四，评价机制是用来评价 BIM 技术与项目管理业务融合情况的。没有评价机制很难发现是否有效解决了应用过程中产生的问题；科学的评价机制是推进 BIM 与项目管理业务融合的利器，通过评价机制监测预警，可及时调整 BIM 推进策略，让技术与生产、商务等方面高效融合。

第五，成熟的平台软件是必不可缺少的。平台软件的成熟与否对 BIM 技术与项目管理业务全面融合有较大程度的影响；成熟的平台软件是实现全面融合的桥梁，软件的信息要素完整、易用性起着至关重要的作用，任何一个管理要素的缺失都会对其他管理行为起到不可预知的影响，而不易操作的平台软件则会降低管理水平和 BIM 应用效率，成为全面融合的一种阻碍。

在企业经营和多项目管理的业务层面，公司期望能够实现多维度信息（模型信息及附加在模型上的其他信息）在时间维度上的整合需求，也就是说在任何时间点上都能够快速地查询、归纳和输出生产管理要素的相关信息；实现附加于模型的信息数据积累、归纳和整合并按需求进行提取及输出；实现多项目信息根据企业需求进行科学整合，减少数据的人为干预，让客观、真实的数据信息智能互联；实现基于 BIM 数据信息管理的专业人才快速培养与复制。

您认为对 BIM 技术在施工企业的应用价值应该如何客观进行评价？

马西锋：BIM 技术在施工阶段的应用过程是设计文件最终结果呈现和检验设计成果的一个过程，对设计阶段有着检验和改进的作用，促进设计阶段的发展。同时，

BIM 技术模型信息和在施工阶段应用产生的建筑物构配件数据信息、设备安装数据信息等是运维阶段不可缺少的数据信息，甚至是运维期间的关键信息，BIM 技术施工阶段产生的数据信息是为运维阶段提供支撑的。这样看，施工阶段的 BIM 应用对建筑全生命期的上下游均起着至关重要的作用，客观地评价其价值是必要的。

首先，要有评价方案和对比样本，即要有详细的对比方案及对比样本工程。由于建筑产品的多样性，对比样本的选择要以最接近目标工程的规模、建筑结构形式等为标准。除考虑样本工程与目标工程相似度（项目特性、开发商与设计单位、施工难度等）以外，还要考虑项目管理团队的管理水平是否差别过大。

河南科建第一个 BIM5D 平台应用试点项目的选择就是考虑以上因素后选定的。价值体现方式不能太单一，不能所有价值的评价最终只与钱挂钩，要考虑社会效益价值、运用 BIM 技术进行项目管理带来的项目管理团队能力的提升价值等，这些价值是难以用金钱来衡量的。公司目前的两个 BIM 技术应用示范项目，在评价项目 BIM 应用价值时，能明显感受到公司管理模式、股份制激励机制、项目管理人员素质提升等多方面的变化，及社会各方对科建 BIM 技术应用的认可，这些价值是经济效益以外的附加价值。

此外，不能以单个工程项目、一个项目周期来评价 BIM 技术的应用价值，应以多项目及足够长的考核周期来进行客观、全面的评定。我们现在项目实现的很多成果，没有 BIM 技术是做不到的。BIM 在不同的工程项目上解决的问题、实现的价值、占用的时间周期等也是不同的。在实践中，往往在完整的经济价值评价结果出来之前，第二个、第三个项目已经开始进一步应用 BIM 技术了，要跨项目、跨周期来多方面评价 BIM 技术的应用价值。

在 BIM3.0 阶段，施工企业在推行 BIM 应用的过程中对 BIM 人才的培养、应用方法的总结、系统平台的搭建方面有哪些建议？

马西锋：在人才培养方面：坚持按需培养，因材施教，大力投入。根据人才岗位需求进行培养，以丰富的施工管理经验为必要前提，进行 BIM 专业知识及管理技能专项培训，以此来培养复合型 BIM 人才。当然，这里的复合型 BIM 人才，并非指 BIM 技术全能型人才，而是以满足 BIM 相关岗位需求为主要出发点的、有针对性的 BIM 人才。

河南科建的人才培训体系相对而言比较完善。在培训内容上，每年固定开展 BIM 建模、模块应用、管理平台应用等不同方面、不同层级的技术型与管理型培训；在培训形式上，内部与外部培训相结合，不放过外部培训机会，且可采用前人带后人的培养方式；在培训投入上，公司主动将工程价格按比例抽提费用，用于 BIM 软硬件投入和人才培养；在激励制度上，完善薪酬机制和内部激励政策，留住人才，不做培训基地型企业。

在应用方法方面：坚持端正态度，实事求是，在实践中成长。用冷静的态度来看待 BIM 技术。BIM 不是万能的，也不是一无是处的。态度决定高度和深度，在 BIM 应用推广上，要坚持实事求是，不夸大优点，不掩盖不足。只有这样才能真实反映出 BIM 应用中的真实信息，为后续工程 BIM 技术的应用提供经验支持。

在系统平台搭建方面：项目级平台与企业级平台是必不可少的。项目级平台要综合各管理要素的应用，如工期管理、成本管理、质量管理、安全管理等，同时包含"人、机、料、法、环"等诸多生产要素，不能厚此薄彼或有明显短板。企业级平台搭建要根据企业关注需求设定呈现内容，数据来源真实客观，避免主观因素的影响。BIM 是建设工程全寿命周期物理和功能特性的数字化表达，如果基于 BIM 企业级平台能够实现多维、即时与客观的信息呈现，那么，就能够帮助企业真正实现企业科学决策、服务项目的最终目标。

新技术牵引着企业数字化转型之路

中铁十二局四公司信息管理部部长　葛璐

在信息化时代飞快发展之际，高新技术迅速蔓延到我们身边的各个细部。作为建筑行业从业者，我们也在这短短的几年时间内切身地感受着数字化技术的应用发展对于建造方式的改变。作为中铁十二局四公司信息管理部部长、BIM 中心负责人，您认为数字化技术能否为建筑行业带来创新与变革？

葛璐：在国际上新一轮的科技创新和产业变革中，全球经济化和全球信息化给我国建筑业带来了巨大的挑战，"一带一路"的宏伟蓝图也需要我们更好地融入世界。我们中铁十二局集团第四工程有限公司的工程项目是以市政基础设施类的线性工程为主。随着时代的发展以及国家层面对市政工程要求的不断提升，以政府部门为主的业主方对我们提出的工程标准要求（包括质量、进度等方面）也随之提高，加上愈加复杂的设计概念、愈加庞大的工程体量以及愈加增多的参建单位，现有的管理机制与技术手段已经不能满足需求，这就倒逼我们在企业发展上要有更新的突破，施工行业急需升级转型。

数据表明，我国建筑业的信息化水平仅略高于农业，在全行业中排在倒数第二，远远落后于汽车业、航空业等科技投入领先的行业。信息化的低水平直接导致行业生产力水平的低下以及管理模式的落后，特别反映在施工现场的一线作业层，当然一线作业人员的结构也是主要影响因素之一。以我们这样的工程总包方为例，公司年产值将近 200 亿元，但在工程项目上从事管理工作的员工数量还不到 2000 人，平均分到每一个项目上的管理人员仅有 20 来个，工程中其余的人员都是以专业分包特别是数量占比最大的劳务工人组成。由 20 人管理数千人，再加上劳务人员的职业素质又相对不高，这种客观条件无疑给管理造成了非常大的难度，提升行业整体生产力水平可以说是举步维艰。

现实情况既是如此，就要求我们应用数字化的新技术帮助行业完成转型升级。在转型的过程中，需要引入全新的方式方法，充分利用信息技术的优势，在建筑施工过程中实施信息化，以应对新形势下的挑战。具体可以体现在施工现场的数字化、工艺工法的可视化、工装设备的智能化上，最终使得项目管理信息化能够得以实现。

您认为线性工程能利用数字化技术解决哪些方面的问题？

葛璐：谈到可以利用数字化技术解决哪些问题，首先我们要从线性工程的特点进行分析。线性工程包括铁路、公路、地铁等大型基础设施类工程，有着工程战线长导致难以监管、工程资料多导致不易统计、技术复杂导致施工难度高等特点。

首先，我们可以通过各类智能监控、监测设备以及物联网技术等数字化技术，解决很多现场施工监管难的问题。线性工程有着很鲜明的工程特点，那就是战线长。想要把工程的每个部位都巡查一圈需要走很长时间，这样的客观因素就造成了项目上的信息很难及时收集，直接导致项目负责人对项目管理难度的增加。这就需要我们利用物联网等先进技术，通过智能化的设备实现数据信息的采集，将工程过程中每一个部位的实时数据直接传递到云端，项目管理的各业务部门通过移动终端等信息化手段进行整合管理，所有步骤产生信息记录，有据可依，有据可查。

第二，我们可以通过大数据云平台，对施工现场所产生的大量资料信息进行有效管理。在线性工程项目中，每一个部位甚至每一个工序的建造过程都会产生大量的资料信息，而且不同标段又不是同一个劳务队负责，这就给整个项目的资料管理造成了很大的难度。运用云平台技术就能很好地解决不同标段资料收集困难的问题，同时可以在统一平台实现大量的数据积累，为企业积累大数据进而实现智能化的数据分析以及企业工艺工法的总结和不断迭代提供了可能性。

第三，我们可以利用 BIM 技术实现复杂工序的可视化，进行三维技术交底、方案比选，以及在建模过程中就可以发现一些设计问题，查漏补缺。在工程建设过程中，存在很多技术难点，劳务工人的素质水平又参差不齐，传统的文字叙述与 CAD 图纸结合的交底方式很难让每一个工人都完全理解复杂技术的施工方案，在实际施工过程中交底方案在工人手中"变质"就成了很普遍的现象。通过 BIM 技术的可视化交底，即便是完全不懂施工的劳务工人，也可以非常直观地了解需要先做什么后做什么，在过程中需要注意哪些环节。在方案比选方面，只单纯通过图纸加上文字性的描述，如果不是经验相对丰富的专家，是很难做到最优方案的选定的，同时将优选方案通过图纸向业主方进行对比陈述也相当困难。而利用 BIM 技术可以很直观地进行施工方案比选，并且也很容易将选出的最优方案向业主方展示。同样，BIM 技术在深化设计方面也能带来巨大的价值，在施工过程中，经常会出现按照图纸施工后发现问题，导致返工情况的发生，项目上的返工无疑将带来双倍的投入损失，有时甚至更多。利用 BIM 技术可以提前发现设计中存在的问题，大大降低工程返工的可能性，为项目节省成本。

经过多年的实践，您认为数字化技术应该如何与项目管理进行融合？

葛璐：在我看来，数字化技术的属性应该是提升项目管理水平的技术手段，或者更准确地说是一种工具，并不是项目管理的方法。项目管理的方法是需要企业自身进行总结形成的，数字化技术只是在形成项目管理方法过程中的一项技术支撑，就相当于数字化技术是服务商，而项目管理是它的客户。

在过去这些年的实践过程中，我们也推行了不少信息化的项目管理系统，这些软件系统都有明确的应用标准以及应用流程，企业只要按照"说明书"按部就班地使用就可以了。但在实际的应用过程中，由于企业的情况各不相同，使用同一套信息化项目管理系统很难管好项目，甚至就是同一个企业在不同项目上应用同一套管理系统也会出现种种问题。这是因为整个项目管理系统的流程过于复杂，而且每个流程环节还必须按要求执行，导致了管理系统与实际管理流程经常发生冲突，系统没有服务好项目管理，甚至影响了项目的进度、增加了人员的工作量和整体的成本。这也是造成信息化项目管理系统推不下去的最主要因素。

对于施工企业而言，一定是以项目管理为本源的，企业的收益都是通过每一个项目来实现的，项目效益的总和直接决定着企业的整体效益。那么我认为，项目推行数字化技术进行管理的核心就是：减负、降本、提质、增效。第一是减负，就是要减少一线施工人员的工作负担；第二是降本，是要通过数字化的手段减少项目的施工成本；第三是提质，就是提高工程项目的质量；第四也是最重要的，就是要达到增效，保证整个项目的收益提高，不能因为信息化手段和数字化技术的应用，反而整体项目的收益还没有以前高，那推行数字化技术就没有意义了。企业的本质就是要赚钱，赚钱就要有效益，每一个项目效益的总和又会直接决定企业的效益。所以，我们推行任何一项政策的时候，归根结底是要产生效益，不管是短期效益也好，长远效益也好，都要有效益才可以。

数字化技术应该是服务于工程项目管理的方方面面，在数字化技术与项目管理的融合过程中，创建一个合适的管理工具，远比做一整套复杂的数字化系统要有用得多。这个数字化系统应该是模块化的集成平台，可分可合，而不是一套需要遵循应用流程的"死"系统。首先数字化技术的推广要注意用户体验，服务于项目管理的薄弱环节，并且让用户有着方便、快捷、减负的美好体验，才能让用户乐于接受，乐于改变。其次企业需要梳理出更专业、更贴近现场项目管理的实际业务的需求，让数字化技术更了解现场需要什么，能做什么，什么最迫切，什么是难点。只有通过双方面的不断推进与碰撞，才能达到真正的融合。

在制定数字化技术应用标准方面，您认为企业应该如何推进？

葛璐：新技术的推行一定要通过一个运行顺畅的机制作为保障。从公司层面去完善制度、规范流程，是提升数字化技术应用水平的必要条件。这一系列的标准需要在集团公司层面进行制定。有了统一的标准，项目才能在标准下合理地发挥数字化技术的更大价值，同时在应用过程中不断完善标准。

项目管理的基本原则是以项目的特点以及管理团队的管理意识为基础的，企业对项目的管理与项目管理本身的管理最好不要发生冲突，这样才能保证项目管理本身能够更高效、有序地进行。数字化技术引入的最重要目的是服务于项目管理，所以，现阶段在制定企业层面数字化技术应用标准时，要建立在不影响项目管理流程的前提下，做好服务项目的角色，这就造成初期的应用标准要相对粗一些，以服务为主。

随着应用逐渐成熟，再做到逐步优化原有的管理模式。管理办法的出台、管理流程的规范、技术资源的配备、管理效能的评价是管理机制的组成要素。公司层面要组建数字化技术应用领导小组，从组织机构上完善人员配备的科学性，实现公司数字化技术推行的快速入轨和良性运转。各项目部也要参照公司数字化技术应用领导小组的模式，完善管理机制，确保管理办法可行、保障措施到位、资源配备科学合理，全面提升公司的数字化技术应用水平，实现数字化技术应用的有效提升，形成效力。应用标准方面需要根据企业的实际情况，融合试点项目的经验总结，梳理关键管控标准，既要保证一切技术应用推广工作在可控的范围标准内推行实施，又要通过一整套可评价的标准体系以考核、激励等形式保证各个实施项目管理者、参与者的积极性和自主创造力。

在数字化人才培养方面，中铁十二局有哪些经验值得借鉴？

葛璐：想要推行新技术并在企业中生根落地，不应该只是一个部门以及某一类专业人员的职责，而是要实现全员参与，与全员的基本工作实现连接。在施工企业的数字化人才，也一定是既要懂施工现场的业务，又要懂数字化技术的复合型人才。这类人才需要兼顾企业各个业务领域的各类业务流程，同时掌握数字化技术并能够做到将各自专业领域的业务内容与数字化技术进行有效的结合，这样的复合型人才才是企业需要的。当然数字化技术推行的前期，需要例如信息化部这样专门的部门以及一批专业人才进行研究与探索，从而实现数字化技术在企业中的推动与发展。

在过去十年的企业信息化建设中，我们感觉到这项工作的进程举步维艰，主要原因是企业内部的人才不足。企业信息化建设的一大部分工作都交给了外部咨询方来完成，当外部咨询方更换或者是撤出之后，企业的信息化就无法推进了；同时外部咨询作为乙方角色，很难做到完全站在企业发展的角度提供服务，这也导致实施过程中会出现一些矛盾与偏差。总的来说，这种形式的信息化建设过程，不能有效地培养出企业内部人才，也不能很好地总结出有效的应用方法。

面对以上情况，我们企业的信息化建设策略也进行了改进。不论从主管领导还是信息化管理人员，企业内部都在倡导和推进全员数字化工作。比如在 BIM 技术的人才培养方面，公司共组织了各相关专业人员 1000 余人进行两期的培训工作，取证人员已超过 200 人，这其中包括了工程技术人员、预算管理人员、物资管理人员、设备管理人员、安全质量管理人员、财务管理人员等。这充分说明了一项新技术落地生根，不是某一个部门、某一类专业人员的职责，而是需要全员参与、全员落实的基本工作，尤其是数字化方面人才，更需要的是综合性复合人才，这些复合型人才才是我们需要的专业的信息化人才，用这些专业的人来从事专业的事，才能事半功倍。

建筑施工行业的大数据应用与发展趋势

广联达科技股份有限公司董事长助理 刘刚

伴随数字化变革和数字中国战略的不断推进，以互联网为代表的新一代信息技术正在与社会和经济发展发生深度融合。数据资源日益成为重要生产要素和社会财富，信息掌握的多寡成为国家软实力和竞争力的重要标志。对于建筑施工行业的大数据应用，您认为将为建筑业带来哪些方面的改变？

刘刚：近年来，我国相继出台《促进大数据发展行动纲要》《关于推进公共信息资源开放的若干意见》《大数据产业发展规划（2016～2020年）》，加强数据资源规划建设，加快完善数字基础设施，推动数据资源整合和共享开放，推动大数据技术产业创新发展。国家有关部门加快推进重点领域数据资源建设、有效整合和安全利用，不断提升数据资源的在线共享和服务能力。可以看到，一个大规模产生、分享、应用数据的数据技术时代（DT时代）已经到来。以数据引领创新，用数据驱动发展正成为业内与社会的普遍共识。

大数据技术的出现也为建筑施工行业的发展带来了新的动能，促进了产业的跨界融合与服务创新，产业链各方通过大数据技术进行信息共享、充分协作与资源整合，提高全行业乃至全社会范围内的资源整合与配置能力。改变原有产业链割裂、孤立、低效的问题，建立新的产业生态关系。应用大数据技术，将大大提升项目管理各环节和整体效率，为各级组织决策提供有效的信息依据，借助云算法和人工智能的多种手段，实现从统计性分析到预测性分析乃至向决策性分析升级，进而实现项目浪费最小化和提质增效，助力每个工程项目成功。

大数据应用将为建筑业带来哪些价值？

刘刚：从建筑行业整体趋势来看，以大数据为驱动的智慧化应用价值主要体现在以下三个方面，即提升行业监管与服务水平、增强企业经营管理能力、引领项目全过程升级。

第一，建筑业大数据应用可以提升行业监管与服务水平。大数据的应用将极大推动建筑行业深化"放管服"改革，促进建筑市场的透明性、竞争的公平性，利于建立基于大数据的建筑市场诚信监管体系，实现对全国工程建设企业、注册人员、工程项目的统一集中管理。有利于对在建工程项目、市场各方主体及关键岗位人员进行实时动态监管，规范市场主体行为；且利用大数据分析，可以遏制围标串标及其他违法现象的发生。通过大数据应用，还能够及时发现安全隐患，规范质量检查、检测行为，保障工程质量，实现质量溯源和劳务实名制管理。诚信大数据的建立，有效支撑行业主管部门对工程现场的质量、安全、人员和诚信的监管和服务。

第二，建筑业大数据应用可以驱动企业数字化变革，增强经营管理能力。通过数字化企业平台，将企业所有项目的生产情况全部纳入实时动态监控范围，对偏离目标的项目及时采取有效措施，在整个企业范围内实现资源的有效配置和整合，有助于实现企业利润的最大化以及集约化经营，可有效保障工程项目的实施进度、质量和成本。基于项目数据的有效集成，在企业层实现基于数据驱动的经营管理和科学决策，保证多项目管理全过程可控与目标达成，提升企业的经营和管理能力。以基于大数据的征信为基础，借助互联网金融，催生商业模式的创新，加速企业发展。

第三，建筑业大数据应用将引领项目全过程变革与升级，将有效提升项目管理水平和交付能力，实现建筑产品升级，建造过程全面升级。对于建筑工程来说，工程项目本身的复杂性，多岗位、多专业、多参与方的共同参与，决定了项目各项任务与工作的协作与整合至关重要。以 BIM+PM（项目管理）的专业应用和智慧工地应用为核心，集成工程项目的"人、机、料、法、环"等各关键要素数据和信息，进行实时、全面、智能的监控和管理，形成项目的统一协同交互和大数据中心，有效支持现场作业人员、项目管理者、企业管理者各层的协同和管理工作，进而更好地实现以项目为核心的多方协同、多级联动、普遍互联、管理预控、整合高效的创新管理体系，保证工程质量安全、进度、成本建设目标的顺利实现。

目前大数据在建筑业的应用情况如何，应该如何高效利用大数据？

刘刚：建筑业是具有海量数据的行业，但是这些数据散落在政府、企业、项目和岗位等各个层级，因此数据的采集、集成和应用也成为行业应用的难点。如何更加高效地应用数据，利用大数据技术助力建筑产业的数字化变革，驱动产业转型升级成为业内关注的焦点。

建筑行业大数据应用有很多方面需要突破，主要有三个关键问题亟待解决，即数据的采集、数据的集成和统一、对大数据的挖掘。纵观整个行业，还是有一部分优秀企业的实践可以给我们提供一些参考的。对于数据的采集，可以更多借助物联网技术只能感知的手段进行数据采集，这样能够实现部分相对自动化的数据获取。

在数据集成方面，需要建立平台层面的系统来集成和归集数据。这些数据的应用大体可分为三层，即项目层、企业层和行业层，通过统一的系统平台对各层面的数据进行集成，为后期的数据应用做好基础。针对大数据的挖掘，需要与管理模式和流程紧密联系。比如数据可以应用在招投标之后，判断是不是会有串标情况，通过对足够广泛的数据进行分析，确保结果的客观和准确。

在大数据的应用过程中，企业需要建立相应的制度标准来保证执行效果，包括措施的有效性、法律方面的合法性、数据的安全性等。同样，数据的采集与应用也需要建立统一的标准。当然，做到这些需要从政府层面、系统工具层面以及机制的改革层面的综合考虑。

大数据应用将如何影响建筑行业的发展方向？

刘刚：对于建筑业大数据应用的发展而言，数字化是基础，在线化是核心，智能化是目标。首先是数字化，大数据背景下的建筑业人工智能应用要建立在数字化的基础上，以数据驱动，通过对数据的综合分析从而实现智能算法。其次是在线化，无论是对数据的直接应用，还是进行数据的集成，都需要以实现在线连接作为保障。就像数字孪生的实现，管理者需要在施工现场采集大量的、多维度的实时数据，以保证呈现完整物理实体的运行状态。所以说，只有实现了数字化和在线化，才能使智能化成为可能。

此外，建筑行业的大数据应用将会涉及全产业链条中的各个环节。无论是一座建筑还是一座城市，数据的采集与应用都将在全生命期内持续不断进行，尤其是项目进入投入使用的运维阶段将会是很长的一段时间，在这个时期大数据将发挥巨大的价值，这些价值的挖掘需要建筑从业者在实践过程中不断探索与创新。

在建筑产业数字化变革的浪潮下和数字中国战略的指引下，大数据应用必将为整个建筑业的变革与发展注入新的活力。相信在不久的将来，基于数字孪生的建筑产业发展新模式和新形态必将让整个产业链的全过程、全要素和全参与方，充分数字化、在线化和智能化。万物皆数字，大数据将像水和电一样，成为无处不在的新生产要素，促进生产力的提升，影响生产关系，重构一个全新的建筑产业生态。

从业 24 年，BIM 带来的革新是我前所未见的

天津天一集团副总工　陈杰

BIM 应用从 0 到 1 没有那么难

过去 20 年，是建筑业发生巨变的一段历程，在这 20 年中，我专注于机电设备安装领域，见证着行业的转折式发展，也切身感受着 BIM 带来的革新，这种时代变迁是具有极强冲击力的。在这里，我想与大家分享一些我的从业经历，作为一个老工程人，从零开始学 BIM、用 BIM 是很难的，但一路走来，似乎又没有那么难。

20 世纪 90 年代，施工工艺整体比较落后，纯手工痕迹很重，机械少，管理模式以计划经济为主，施工人员的主观性对工程的影响极大。20 世纪 90 年代末，改革开放带来市场经济的转变，商品房开发一度火热，施工方和甲方的角色、权重开始发生变化，但仍属于粗放式施工。随着 BIM 的出现，在施工技术方面，机械化、现代化、信息化已经在逐渐适用于建筑业。客观地讲，BIM 的出现为建筑业技术和管理升级提供了绝佳的契机。

我首次接触 BIM 技术始于 2012 年深圳的腾讯滨海大厦项目，该项目在招标中提及应用 BIM 技术能力，对于当时在建筑业摸爬滚打十几年的我来说，BIM 是一个全新的、陌生的事物，经过反复查询、了解相关资料，我的潜意识认为 BIM 是一个非

常有发展前景的技术，甚至靠多年从事机电安装专业的经验，脑补了在现有项目上应用 BIM 的全过程。但是由于当时我们大部分人的专业知识系统性不足，公司对于 BIM 的推行存在固有局限性，项目本身推行的难度很大，还未开始全面应用 BIM 便夭折了。

第一个真正意义上的 BIM 应用工程，是 2014 年天一建设集团承建的天津建筑设计院业务楼工程。项目设计之初的定位是绿色建筑，对环保节能的要求很高，且当时设计院已经有自己的专业 BIM 团队，设计已经先于施工开始 BIM 应用，公司领导希望施工方面也能应用 BIM，实现建设全过程的 BIM 应用目标。

从最初的 3 人团队开始，边用边学，不断扩充团队力量、提升团队能力。我们逐渐发现，设计与施工在 BIM 上存在断裂的问题，二者无法互通，坦白讲，设计模型直接拿到施工中用是很困难的。基于现实情况，我们选择了"以点带线、以线扩面"的 BIM 发展路径，选择有可行性的应用点作为突破，在应用点成熟后进行相关专业串联，从单岗位应用过渡到多岗位协同。

在这个过程中，我们明显感觉到了 BIM 应用的价值。过去，施工审图基本全靠老工程师的经验，主观判断哪里可能有风险，哪里可能需要调整，但是这些经验之谈往往难以说服设计院。实际施工中，机电管线在某些部位混乱、需要返工，在我看来是一件再正常不过的事，每个机电工程都可能会面临各种拆除、返工。但是在 BIM 应用中，从机电专业开始，扩展到土建专业，以设计审图为例，在做 BIM 结构优化时，我们能清晰地得知设计哪里存在问题，将设计深度优化做得非常专业，这样在与设计院沟通合作过程中，专业性得到了对方认可，提出的设计优化内容也变得有理有据，双方配合度明显上升。

面对复杂而大量的机电管线，应用 BIM 后观感和质量明显更顺畅，管理的交叉躲避更有原则性、系统性，更能立足于整个项目的角度去更周全地考虑管线综合，比如小管让大管、价值低的管让价值高的管等排布原则。由于设计与施工的 BIM 应用尚不能完全互通，在工程竣工时，我们分别就设计和施工形成了两套模型，但是这次 BIM 应用为我们积累了非常多的实践经验，让很多人看到了 BIM 的可行性，同时也培养了一批自己的 BIM 人才，可以说是漂亮地打响了 BIM 应用第一枪。

躲不掉的成本和进度，BIM 是如何解决的？

成本和进度是施工中必然要涉及的核心部分，在回答这个问题前，我想先阐明一个背景：我们公司为什么一定要推广 BIM 应用。

我的领导也是在施工领域摸爬滚打走过来的，他在公司推动 BIM 应用落地的态度是很坚决的，这源于他一直以来的几个疑惑：为什么钢筋总是这么乱？为什么混凝土总是算不准？项目做完了赚钱赚在哪儿、赔钱赔在哪儿？

BIM 是最有可能从根本上解决这些疑惑的，虽然说 100% 解决项目问题是不实际的，但是可以肯定的是，BIM 一定能解决我们大部分的疑惑与问题。当然，领导的认可与支持，为我们 BIM 中心提供了很大的动力。从岗位应用开始试验性应用，到跨专业应用、项目级应用，在对 BIM 模型很熟悉的情况下，我们开始更关注进度和成本。

（一）从混凝土到钢筋，成本控制开始看到希望

在成本控制方面，我们采取单点突破、稳步前进的策略，首先清楚公司更关注哪些方面的成本，再一点点往前应用推进，我们主要选择以混凝土和钢筋为突破口。

在混凝土 BIM 应用的实行过程中，即使我们克服种种困难计算出了各种准确工程量，项目部和经营部的同事们也很难认可，这是可以理解的，拿出数据只是第一步，

证明这些数据是科学可信的才是更重要的。能够让 BIM 计算出的工程量有用武之地，能够用于指导施工，才是我们推动这项 BIM 应用的最大价值。

为解决数据的科学性问题，我们用了最笨的方法：一个梁、一个柱的去和实际情况对比，同时将 BIM 出量和经营处的出量对比。经过三方校对后发现，BIM 中心计算出的工程量比施工现场的汇总数据更精准、更接近现场实际使用量，同时比经营处的出量更低，更适合项目进行成本控制。经过如此对比，终于打消了项目总工和施工现场的同事们对我们的疑虑，项目部逐渐开始倾向于使用 BIM 技术计算出的工程量，用于实际施工管理，这也为 BIM 在成本控制方面的深入应用打下了良好的基础。

钢筋用量是工程成本的重要指标之一，啃下这个硬骨头是很有难度的。项目初期，由于钢筋的计算方式非常复杂，BIM 画图规则繁杂，钢筋成本控制会耗费很大的人力投入，在权衡利弊后，我们对于钢筋的 BIM 应用是选择战略性放弃的。但随着项目 BIM 应用的不断深入，成本控制对精确度的要求不断提高，在施工中，钢筋材料的浪费巨大，与预期成本存在一定差距，我们不得不面对钢筋部分的 BIM 应用。

在钢筋 BIM 应用中，我们选择了与混凝土截然不同的应用方法，通过对钢筋使用与成本控制的多方考虑，增加了 BIM 软件商在应用过程中的权重。通过跟软件商进行深入沟通、合作，利用软件商在多个项目上实践总结出的经验，未选用完全三维图形的模式，而是用 BIM 理念不断与现场施工进行磨合，将各类任务拆分成一项项的细分项，逐个小应用点层层击破，求质不求速，最终基本解决了钢筋成本控制的问题。

（二）进度变化多端，BIM 该用也难用

众所周知，我国的建筑行业中，进度可能会受雨雪季、农忙、专业施工冲突、环保政策等各种因素制约，很多环节往往是难以提前准确预测的，赶工在所难免。想要推行合理、科学的进度管理，难度可想而知，比如应用 BIM 技术制定一个工序，要求现场施工一定要按照制定的工序去做，目前是达不到这种程度的。

当前，我们身边的项目施工进度通常表现出以下特点：在施工不同阶段，项目进度波动大，并非匀速进行；周转资金不定性变动，连带影响项目施工；为按期交房，抢工赶工，但不一定对总工期有明显作用；进度加速时，伴随预期外的资源浪费；进度管理全依靠项目经理的经验，预判主观性较大。

我们在基于 BIM 的进度管理上，要解决的关键问题是：加速所做的环节是否是最关键环节？能否对总工期产生关键性影响？

通过对斑马进度软件的熟练操作，我们在进行模拟施工时，能够直观地看到穿插施工和关键线路，可以清楚地看到不同工期的施工目的、节奏以及关键线路，比如：哪些环节需要调整以快速缩短工期、哪些环节必须稳定工期不能盲目抢工、如何区分关键线路和非关键线路，如何调整能够保证总工期顺利完成等。

经过一系列实践后，我的确感受到了 BIM 带来的价值，包括前期能规避进度问题、过程中控制时间节点，以及作为记录留痕，调整施工时动用的资源在签证索赔时都更有针对性。

实践之中出真知，标准水到渠成

我认为，没有任何标准会先于 BIM 应用实践，先于实践而定的标准会束缚思维的发展，而 BIM 思维是一切向前推进的灵魂。但是经历过实践后，一定要进行经验的总结，并逐渐形成标准。

（一）BIM 标准是一定要有的

我国现行的国家标准在实施过程中，更多是提供参考的作用，其详细程度可能无法达到项目施工的细节要求。拿 BIM 应用推进来说，在实践一段时间后，我们会对 BIM 标准自然而然地产生欲望和需求，发现没有标准是行不通的，这个时候就需要制定企业 BIM 标准了。换个角度讲，总览各类项目会发现，每个工程的类型、特点不同，甚至一个工程中，团队中每个人的标准也不一致，在跨过 BIM 操作这一基础关后，继续向前推进是存在各种风险和问题的，潜在标准不同会直接影响现场施工，这个时候，需要制定企业 BIM 标准。

（二）BIM 标准应运而生的过程

从公司层面看，BIM 标准的形成主要分为两个阶段：BIM 规划阶段和更新迭代阶段。

BIM 规划阶段：项目成立后，要求 BIM 中心的人员和项目之间共同做 BIM 规划，通过分析图纸、项目特点等设置 BIM 应用点，规定应用点的深度和推广规划，这一举动也可以使项目部知道 BIM 中心的工作内容、工作量和人员分配，此时的 BIM 规划是最初级的一种标准。

更新迭代阶段：根据项目特性进行核心关注点的调整，比如有些项目注重质量，有些项目注重进度，需要根据项目的关注点进行适时调整。在公司层面，我们每年都会根据实际情况更新相关标准和制度，包括管理制度、项目考核制度等，将 BIM 列入公司考核规定内，我们称之为"一号文件"。通过不断更新的制度标准，使 BIM 应用固化到公司的管理过程中，提高项目推广 BIM 的积极性。

以下举个我曾经参建的项目案例：在某医院项目中，首先把工作流程制定完成，包括项目概况、BIM 模型标准包括模型的精准度等，这样工作流程慢慢就演变成了对模型的标准，甚至随着时间的推移转化为工作标准。经过一年的时间，我们达到全项目 BIM 应用的目标，进行项目复盘时发现：从项目角度看，每个项目的类型、特征不一样，项目的接受者水平不一；从标准角度看，一个标准难以满足全部工程需求，每个项目都编制一个标准是不现实的，这会耗费很大的人力，也不便于统一管理。这些问题在项目中显现后，我们便逐渐衍生了一些细分的管理标准，包括项目主体、工作分类、职责划分、时间节点、绩效管理、工作流程和验收标准等，这些标准汇总后其实就已经是一种最贴近我们企业和项目的 BIM 应用标准了。

（三）标准是要服务于 BIM 应用落地的

BIM 标准的形成、推进是一个不断重复的过程。我们常听到有人说：项目上的人不愿意用 BIM，阻力很大，标准定完没有用。当然我们也遇到过类似的问题，有时很多人的固化思维是很难解决的。

初期，在大家对 BIM 还没有足够的信心和信任时，很难让施工现场按照 BIM 中心既定的步调去做，定完标准就强制工人必须遵守是不现实的。我们选择放低姿态，"求"着对方用 BIM，完全按照原有的施工流程和现场节奏，责无旁贷地满足施工现场的要求。当然，我们也不是毫无原则地帮现场施工，而是在帮助对方时寻找 BIM 应用的契机，抓住双方可能产生价值共识的契机进行 BIM 应用，让项目一线看到 BIM 能够为其带来的附加值，能够减轻其工作，并且感受到 BIM 的便利。

后期，BIM 中心将保持自己的规划，按照 BIM 中心的自由节奏承接项目需求，并用于指导施工，让项目部意识到 BIM 能够做什么、能做到什么程度、需要什么资源、能解决哪些问题。此时按照标准来进行施工，阻力相对会减少很多。在部分工程数据的获取上，也更加轻松、接近实际。

BIM 工程师与 BIM 人才，如何甄别与培养

（一）我们到底需要什么样的人来做 BIM 工程师

从企业层面讲，我更希望 BIM 工程师首先要熟悉 BIM 软件，有操作基础，同时具有一定的专业积累。我们讲让各岗位的人懂 BIM，更深层次的是希望他们懂 BIM 的思维方式，而非简单的技术。

软件操作能力是 BIM 工程师的基本技能，我们需要他能够通过软件来输出成果，不懂软件操作是很难胜任这项工作的，这也是企业对 BIM 工程师的基本要求。

专业积累是更重要的加分项，BIM 应用落地很难通过学一段时间的 BIM 软件就能实现，需要有一定的专业背景和业务积累。以机电专业为例，我们在做管线综合时，通过 BIM 去化解管线碰撞不难，但是管道安装的主要原则、通用准则等，这些是需要一定的机电专业知识和常年积累经验的。

BIM 技术本身的学习对于现在的年轻人来说，难度门槛相对较低，反而学习专业知识和业务积累的难度更高。在衡量人才培养时间和精力投入时，企业无疑是希望越快越好、人才能力越高越好，培养一个有 BIM 基础而专业欠缺的人，和培养一个专业摸爬滚打多年而 BIM 知识欠缺的人，我们会在二者之间做权衡，我们愿意给有

能力的人以适当的机会,同时也需要能够在一定时间、成本内为企业创造效益的人才。

（二）我们该如何看待现在的年轻人

1. 年轻人现有的劣势

年轻人的施工专业知识和从业经验是他们最明显的短板,这是无可厚非的,且在短期内补足的难度很大。建筑行业的特点使然,学校学习的专业知识有限,很多知识需要在实际项目中长年累月的积累。各类专业知识繁杂、庞大,让年轻人在短期内学习一个老工程人几十年的经验,或者让刚毕业的学生通过几个月的 BIM 学习去独立解决问题,这是不可能的,企业必须认清这一点,接受并着重对年轻人进行培养。

2. 年轻人从事 BIM 的优势

相对而言,年轻人具有立体的思维意识。我们很多老施工人的思维是平面化的,而学习 BIM 技术本身需要考虑三维,从思维上进行转变。年轻人养成立体化的思维模式后,在施工现场,更容易理解现场所看到的施工细节,以 BIM 的思维和视角来看施工,更务实、更全面、更有助于新型管理理念的形成,这是过去所没有的,或者说这是年轻人学 BIM 的群体优势。

如今,很多学校已经开始培养学生在校尝试 BIM 工程实践,培养全方位的 BIM 人才。年轻学生本身对于施工知识和 BIM 技术有着很强的求知欲,他们是主动渴求去取长补短的,这种积极的内需是极为难得的。同时,与大部分施工人单打独斗、小团体成群不同的是,年轻人更适应团队氛围,他们更容易融合到团队中,共同完成团队目标。BIM 的一大特点就是协同工作,这在年轻人身上是有吻合之处的。作为施工企业,我们愿意给予积极向上的年轻人以更多机会。

众所周知,相对其他行业而言,建筑行业对专业和经验的要求更高,晋升路径相对更窄、更慢。而纵观现在的企业情况,年轻人晋升的实现路径是被压缩的,呈现出更短、更快的特点。一方面行业 BIM 人才流失严重，施工企业对 BIM 人才的需求强烈，对 BIM 人才的培养也越来越系统化；另一方面如今施工行业的年轻人在心态、思维、能力等方面都很好，能够在短时间内接收最大化的信息和经验。常言道，机会都是留给有准备的人的，对于有能力、有上进心、有 BIM 思维的年轻人，我们是不会说不的。

（三）对于已有的 BIM 人才该如何培养？

1. 从师徒制到放养式，广普式 BIM 培训很受用

以往项目上对于新人大多采取一对一的师徒制，顾名思义，由一个经验丰富的老师父带着一个新人，学习内容和水平提升程度主要依靠师父的能力、教学方式和态度，同时也与师父所在的项目情况有很大关系。由于每个项目上人员参差不齐，年轻人往往处于被动的培养生态中，对年轻人的自觉性要求很高，很有可能对其积极性、成长速度、发展水平造成负面影响，在某种程度上造成人才流失。

经过一年的努力游说，我们公司成功建立了 BIM 教室，从长远角度考虑 BIM 人才培训，主要采取放养式，将被动的培养生态转变为主动学习的生态。在公司和项目层面为大家打造一种统一的、体系化的培训大环境。将公司及项目中总结出的经验、体系和标准通过培训传授给更多的年轻人，达到广普式 BIM 培训的目标，让现有的各岗位人员都能有机会接受同等的 BIM 培训。在实际操作中，部分学员学习主动性非常高，会对其他普通学员带来积极影响，通过内部竞争带动全员学 BIM。

对于工程公司而言，要转变对人才培养的理念，如何确定定位和长远规划，按照企业的具体需求去打造企业自身的 BIM 人才梯队，配套人才激励制度，打造人才理念，给值得鼓励的人进步的机会，也是给企业 BIM 向前推进的机会。

2. 从建模到研究，BIM 中心定位更清晰

经过和许多同行的沟通，发现大家在 BIM 推行过程中，普遍存在 BIM 中心总是

以 BIM 建模为重点的现象。对此，我认为 BIM 中心应该逐渐让简单的工作普及化，让 BIM 中心的工作与项目实践强结合，将 BIM 中心的工作重点放在对技术的前瞻性研究上。

不能让 BIM 中心的人长期处于建模状态下，建模是一项基本的、难度较低的工作，而 BIM 中心的部分人往往是怀着一种憧憬和学习热情的，长期处于低级工作状态中，可能会影响他们的工作状态，使其丧失原有的热情或影响未来的能力提升。我认为 BIM 中心的核心成员应该聚焦他们更擅长、更专业的 BIM 研究，去外部学习并将好的经验带回公司，孵化成对公司有推动作用的工作方式、制度标准，整体形成一种良性循环的状态。

不解决阻碍，BIM 必然难推

今年（2018 年），行业内流传着一种声音：BIM 的发展达到了瓶颈状态。就我自己的工作而言，整体与去年（2017 年）的工作相比变化较小，对未来的工作规划和企业 BIM 发展有一丝迷茫感。我无法准确地回答如何走出现在的瓶颈期，未来会是什么样的问题。对此，我总结了一下在 BIM 推进过程中遇到的阻碍，不解决这些阻碍 BIM 必然难以推进，有阻碍才有前行的动力，与大家共享。

（一）企业意识层面的阻碍

1. 危机感

基于 BIM 技术做的各类包括成本控制、进度控制等，必然需要多部门协同工作，涉及多部门的利益。由于 BIM 的体系和管理模式还未完全被大家熟知，很难让多部门的人统一达到相同的认知水平，加之 BIM 让很多传统管理模式下不能算清楚的数据逐渐变得透明，必然会动了某些人的"奶酪"。至少在思维上尚未完全认同的人，会有一定程度上的危机感，这种危机感既可能是正向的督促学习BIM，也可能是前进道路上的阻力。

2. 惯性

大多数人习惯以往点对点的网状工作模式，多方合作时便于对接和追责，但是BIM的最大亮点是以BIM模型为核心信息源，达到多部门协同的效果，BIM中心的权责是很重要的。我们用同理心试想一下，你忽然被打破曾经的工作舒适圈，要求你去信任一个新的技术和部门，会对你的工作带来莫大的变化，初期有惯性希望维持原有的工作习惯，这是可以理解的。可能每个项目都会遇到类似的问题，我们是逐个部门、环节去攻克的，共同形成合力才能发挥协同的作用。

3. 设计与施工问题遗留

过去，设计院是事业单位，施工方是企业性质，设计阶段的BIM应用先于施工阶段，在大家的观念里，设计院是具有先天优势的。到了目前这个发展阶段，仍然存在设计院和施工方在BIM应用上不能完全互通的问题。设计院很难站在施工的角度上出图，设计图在施工单位获得认可的难度比较大，施工时还需要经过BIM建模、图纸深化等过程，会有时间和资源上的浪费。

4. 各方顾虑

企业领导层会基本认可BIM的正向价值，但是深度推行很有难度，会衍生各种顾虑。而业界关于"BIM无用论""BIM是假的"等负面声音逐渐消失，行业普遍顾虑的不再是BIM到底有没有用，而是BIM的价值与企业和项目特色紧密相关，短期内或许不明显，自己的企业该通过怎样的方法去推行和落地，怎样才能通过BIM实现真正意义上的信息化。我认为，这种对施工企业的影响一定是长期的，BIM应用落地的趋势一定是不可逆的，但解决这些顾虑还需时间。

（二）BIM 技术发展方面的阻碍

模型轻量化的应用程度还未达到普及化。BIM 应用始终围绕着模型本体，在向管理升级、集合多种模型时，尚没有一个打通多个平台数据的完美平台。对施工企业而言，多个平台不互通，又必须要推行 BIM，常常会造成双轨平行，增加工作量的局面，进一步给自己增加向前推进的阻力。平台化一定是未来的大趋势，广联达近年在尝试打通建筑各生命期的数据流通问题，这是个非常好的趋势。模型轻量化和数据互通的平台需要很大的技术型突破，有技术实力的软件商率先进行科技研发和技术投入，对我们施工企业而言是一个很值得期待的信号，当然这也需要很长的时间投入，我们拭目以待。

（三）企业投入产出比的阻碍

BIM 应用对硬件配置的要求很高，进行全企业范围内的普及化，必然要面临大面积的硬件更新，而硬件设备是日常消耗品，需要长期投入。作为施工企业，我们不得不综合考虑性价比的问题，有没有必要在现阶段做这样大面积的投入，投入后 BIM 推进的效果和回报是不可完全量化的，有太多的不确定因素。同时还要考虑企业的 BIM 应用所处的阶段与需求，这让我们在做相关决策时有很多顾虑。

走过风雨二十年，明天仍是战士

我扎根施工行业已有二十余载，见证了天一集团的 BIM 应用发展过程，我坚定一定要走 BIM 这条路，无论前路如何，总有拨开云雾见月明的时刻。在此，我个人对于企业 BIM 落地有一些建议：

第一，BIM 和传统工作模式不能割裂，BIM 中心的工作一定不能与施工现场脱离，要由点及面，从应用点开始逐渐深入应用、过渡到管理变革。

第二，将企业文化与人才培养融合，根据企业特色，以最快的速度把 BIM 理念普及下去。建议通过轮岗机制加速大家对 BIM 熟悉程度的训练，同时尽快建立本企业的 BIM 流程标准。

第三，BIM 和信息化息息相关，在 BIM 软件等知识产权上的投入一定要狠下心做，可以列入固定资产投入，施工企业本身不具备研发优势，BIM 的应用离不开软件的强力支持。

第四，招聘人员多元化，有意识地招聘软硬件相关的专业人才，能够在日后与 BIM 软件商更顺畅地交流合作，提高施工企业的技术实力。

这场以技术为驱动的管理模式变革，我们有幸参与，可以预见的是，在真正实现 BIM 应用落地的时候，施工企业会完成从粗放式管理到精细化管理的一次彻底的、全面的、颠覆性的转变，现阶段的痛苦在未来蓝图面前，都将化为乌有。推行 BIM，势在必行！

与 BIM 结缘后，我们找到了企业发展之路

吉林省众慧达建设工程造价技术有限公司总经理 肖芳

与 BIM 结缘，让我坚定企业初心

我在建筑业已经摸爬滚打了很多年，甲方十年，转战造价国企，再到施工单位做管理，自己承包工程，一路走来，我最终决定投资做一家真正为委托方提供服务、产生价值的企业。2016 年，随着职业生涯的转变，我的心里开始埋下 BIM 的种子。

我与 BIM 正式结缘，始于对广联达的北京考察之行，从了解 BIM5D 开始，我们决定掌握一项 BIM 软件应用技术，将 BIM 用到项目上去，从实践中探索未来。在第一个项目应用过程中，总结经验，不断学习，并积极参加各类工程大赛，为后面的应用开了一个好头。

在项目的 BIM 应用过程中，我们发现了很多问题。在流程信息透明后，项目一线人员对我们是持抵触情绪的，包括项目中层干部、项目经理等，短时间内很难接受 BIM 技术。这对我们而言，是企业向前发展的一大阻力，曾经在很长的时间里，我是很困惑的。在不断与项目深入沟通和实践应用后，我们也调整了 BIM 应用思路。

任何新事物都需要一个逐渐推进和适应的过程，需要循序渐进，一步步推进。我更加坚定了初心，我们的企业一定要把 BIM 做精、做专、做好，为项目服务到底。

经过长期的技术合作，从项目技术人员开始，沟通变得顺畅。经过时间的推移，项目上的态度开始由抗拒转为认可，我们的项目 BIM 应用开始取得初步成果。应国家政策要求，施工方和甲方存在 BIM 应用的需求，而我们的深度服务真实地为项目带来了便利，项目班组和一线工人在了解 BIM、应用 BIM 后真实地感受到并认可了这项技术，项目对 BIM 深入应用的需求逐渐显现。

对我们企业而言，在项目 BIM 应用的实践过程中，我们培养了一批自己的 BIM 人才，BIM 的大热确实为人才培养提供了很大的契机，年轻人成长速度飞快，他们都是我们企业的人才资产。BIM 技术成为了公司的硬实力，让我们在市场竞争中更有底气、有信心，企业管理水平和技术水平都得到了明显提升，这也进一步让我们坚定初心，走 BIM 这条路。

BIM 搅动造价行业，利弊并存谋未来

（一）造价行业的"尴尬"

（1）要求提高，技术不连贯。造价行业经过了很多年的经验积累，技术和市场基本趋于成熟。现在我们提倡总承包模式及全过程咨询，这对技术的要求显著提高，数据不统一、分段计量、从业人员无施工经验成为普遍问题。

（2）从"温水环境"到"重新洗牌"。造价行业的竞争，比想象中来得更激烈。在重新洗牌的过程中，BIM 给了我们争得一席之地的机会。原来的造价咨询企业一时难以适应 BIM 带来的行业巨变，对 BIM 技术的了解不足，欠缺应用经验，前期大家都是摸着石头过河，从实践探索中取经，谁能掌握基于 BIM 的全过程咨询，谁就掌握了这场竞争的优先选择权。

（3）北方市场迷茫，BIM 方向未知。面对 BIM 这个新兴的技术，未知即迷茫。

我在参加 GBC 社团学习前，是抱着学习新技术的心态的。在全国范围内 BIM 应用如火如荼时，我们北方造价市场其实还在迷茫中，作为造价咨询企业，我们很希望了解清晰 BIM 软件能够实现什么功能、解决造价领域的什么问题、能够如何应用于不同的工程中等。在这种大环境下，很多企业也或多或少地存在一些问题。

（二）造价咨询企业的"纠结"

（1）员工逆反，企业犹豫。在 BIM 大火之际，很多企业是跃跃欲试的，但是部分老员工存在逆反心理，持抵抗态度，企业处于犹豫阶段。其实，造价咨询企业的学习能力强，要客观地分析自身企业的优劣势，扬长避短，犹豫之间很容易错过契机。

（2）算投入产出比，不如算危机时限。BIM 技术带来的行业转型升级，是对造价咨询企业管理层的新一重考验。从传统角度看，管理者更倾向于清算一项技术的投入产出比。对于收益不明朗、存在不确定性风险的投入，往往持观望态度，但是这并不适用于当前的 BIM 应用阶段。行业转型大局已定，BIM 投入短期内是难以看到明显效益的，甚至会因项目特点不同而产生不同的效果，必须要先舍得投入才能有产出。

（3）软件不熟悉，先接项目再说。部分企业存在这种乱象，尚未掌握 BIM 软件的基础应用，就贸然接工程项目，将企业置于一个被动的环境下，可能会适得其反。项目 BIM 应用的未知性，可能会在客户认可度、BIM 应用程度、员工积极性上都埋下隐患。

（4）表面工程，难解管理之渴。我们现在的一些项目往往属于面子工程，盲目竞争价格，将 BIM 理解为纯粹的技术工具，项目上只要引进 BIM 软件就算 BIM 应用成果，这种炫技式 BIM 应用无异于自杀式应用，没有实际解决管理中的问题，流于表面终将被竞争伙伴抛下。

BIM 价值看得见，脚踏实地不会错

（一）BIM 给造价咨询企业带来的价值

我认为，BIM 带来的核心价值是贯穿建筑全生命期的信息，信息是企业转型的灵魂，会带来很多看得见的价值，主要有以下几点：

（1）打破传统行业分工，加速人才培养。

（2）整合数据信息，缩短进度、减少错误、提高效率。

（3）促进企业管理结构优化和管理水平的升级。

（4）增强企业的内生动力和市场竞争力，便于开疆扩土。

（5）为提供"全过程咨询"服务做充分准备。

（二）我们扮演的角色，小企业也有春天

当前，BIM 为小型企业提供了前所未有的契机，BIM 应用要根据企业特色进行，每一个企业都有自己的"活法"。企业的体量决定了我们现阶段扮演的角色，我们已经能够解决企业的生存和温饱问题，在资源有限的情况下，我们要坚定地走 BIM 应用之路，并且要做深、做精、做得恰到好处。

在企业发展初期，我们愿意做全心全意服务的配角角色。虽然前期已经有很多成功应用的项目，但是我认为，我们的技术和人员能力还需要提高，通过在更多的、不同类型的项目更加深入的应用，在过程中积累经验教训，从而提高我们的企业实力，与客户达到互利共赢的目标。

随着实践的不断深入，我们也希望能够转换为 BIM 应用的主角。因为我们愿意

投入大量的人力、物力、财力去研究 BIM 技术，通过 BIM 技术掌握的数据信息反作用于实际施工，解决项目中所遇到的问题，让项目的上上下下都能感受到 BIM 技术带来的实惠。当然，不断累积的项目经验、不断成长的人力资源，也将成为我们最大的优势，潜移默化地提高我们在工程承包中的话语权。

（三）脚踏实地发展，绝不放松标准

对于企业未来的发展，我个人做了一些思考，大致如下：

（1）关于项目应用，我们将从单项目做起，根据 BIM 应用细分模块进行深度应用、恰当应用，暂不考虑短期投入产出问题。

（2）关于人才培养，项目实践是培养和锻炼人员能力的最好选择，此外，我们也会组织参加多种培训，任何时候，人才都是我们最有力量的资产。针对年轻人的 BIM 职业发展，我想提出两点建议：第一，要有目的地寻找机会，做选择题。年轻人有很多选择的机会，要选择有挑战性的、有技术含量的项目实践，以学习为主要目的，不断充实自己的技术功底和综合能力。第二，要勤奋、多付出。在实践过程中，一定不要过多地计较辛苦、安于现状，前期的付出在将来一定会有某种形式的回报。在这个重新站在起跑线的时机，多努力一点，就多一点竞争的优势，投资自己比安逸生活更有意义。

（3）关于企业标准，我对 BIM 应用和项目实践的要求是非常高的，在资源有限的情况下，也不允许出错，保证高品质完成客户的需求，必须脚踏实地一步一个脚印认真做。事实证明起初是受施工方的委托，同时得到了甲方的认可，决定在运维中应用 BIM。

（4）关于管理变革，BIM 应用落地的价值最终是要呈现到企业层面的，要作用于企业管理结构变革，我们的目标是逐渐过渡到全过程咨询，形成企业自身的管理体系，掌握市场发展规律，机会是留给有准备的人的。

第三章

善 谋 者 行 远 ， 实 干 者 乃 成

主动有为、先人一步，才是深谋远虑，建筑业的数字化可以说是站在了行业转型的制高点上。企业的发展需要谋篇布局、着眼长远，同时也需要兼顾眼前。对于企业而言，在数字化转型道路上真正付诸行动是眼前要紧的事，更是善谋者着眼长远的追求。实践最能检验真理，本章节我们有针对性的选择了十个不同规模、不同类型的企业或项目，以他们的实践为代表，希望能给大家一些参考和借鉴。

智慧工地在深圳国际会展中心的信息化应用实践

杨晓毅

中国建筑一局（集团）有限公司副总工程师

现阶段，随着信息技术的不断发展，移动互联网、物联网、大数据、人工智能、云计算等技术与建筑施工业不断融合。施工现场作为建筑施工的一线阵地也逐步走向深度信息化，"智慧工地"应运而生。那么智慧工地是如何运作，在复杂项目中又能扮演什么样的角色呢？本文将以深圳国际会展中心智慧工地应用为例，讨论智慧工地在环境复杂、体量大、工期紧、要求高的项目中的应用情况。

项目概况

深圳国际会展中心由深圳市政府整体投资建设，深圳市招华国际会展发展有限公司代建，法国 Valode&Pistre 和深圳欧博工程设计顾问有限公司设计，广州珠江工程建设监理有限公司监理，中国建筑股份有限公司负责施工总承包。

（一）周边环境复杂

深圳国际会展中心位于深圳市西部海岸，宝安机场以北、空港新城南部；基地位于大空港启动区，周边已建成海上田园；向东为沙井、福永片区；向西主要为填海区（大空港半岛区及离岛区），西侧有 220kV 变电站；建筑用地西侧海堤路为边防路，中、大型车辆不允许通行，再往填海区方向为广深沿江高速，项目完工后会有道路直接与沿江高速连通；同时将设一座地铁站，直通深圳国际机场，形成包含地铁、道路、港口在内的立体交通体系。而周边地铁、市政道路、交通设施以及水利、环境治理全部同期开工，周边环境复杂，大大增加施工难度。

（二）体量大、工期紧、标准高

深圳国际会展中心项目由中国建筑股份有限公司总承包，旗下核心子企业中建一局、中建三局、中建钢构联合承建。项目由一条 1.8 公里长中央廊道，把 18 个展厅、2 个多功能厅、2 个南北大厅串联起来，总占地面积 125 万平方米，总建筑面积 158 万平方米，地下建筑面积（地下 2 层）62 万平方米，高度 44.5m（最高），结构最大跨度约 100m，总钢材用钢量由投标初期 22 万吨，已经达到了 28 万。项目建成后将是世界最大的会展中心。此外它还拥有世界最大的单独展馆，5 万平方米单独展厅。项目由 7 个工区平行组织施工，362 万立方米淤泥土方开挖与转运，大型建设机具投入量达 400 台，日进场和转运材料达 1.5 万吨以上，用工高峰期劳动力投入近 20000 人。

从以上描述不难总结，周边环境复杂、体量大、工期紧、标准高、任务重是深圳国际会展中心项目施工的难点所在。

智慧工地整体简介

（一）智慧工地应用背景：工期紧、变化多、分包众、管理要求高

本工程是一个具有中国特色的典型超级工程，作为项目总承包方的中国建筑股份有限公司面临空前的挑战。158万平方米建筑面积；淤泥质基坑，超360万立方米淤泥土方开挖与转运；超大无缝钢筋混凝土底板施工；24万吨钢结构安装；周边地铁、综合管网、市政道路等多个项目并行施工，这种高难度大体量的项目仅有648天工期，跨两个台风雨季施工，跨两个春节劳动力资源调配。

过程中设计方案变化非常多，到目前为止已经修改5版，施工图已经修改12版，但还有很多东西仍在变化中，例如部分展厅要做钢结构的开启施工面再调整、再论述。并且在施工过程中，原来设计好的金属屋面体系在实际施工已经开始做准备的时候，抗风能力实验不过关，需要重新调整。

同时现场专业分包数量非常庞大。一般项目幕墙单位两家左右就能够完成整个现场的幕墙安装，而深圳国际会展中心项目现场有七家幕墙单位，而且幕墙分区划分和施工内容的划分，与前期区块划分都完全不同，呈交错状态。这导致一个总包单位有可能对接数个幕墙单位，一个幕墙单位也有可能对接几个不同的总包单位，相互之间信息传递和管理的交叉内容非常多。

施工现场资源投入量堪称巨大，垂直起吊机械、垂直运输机械321台。因为项目已经进入全面施工阶段，对现场整体管理要求就非常高，对于总包单位来说是一个巨大的挑战。

（二）智慧工地三级架构，让管理更轻松高效

本工程由于众多难点，对质量管理、进度管理、安全生产和文明施工管理提出

了全新的要求。必须建立统一标准，以科技手段促建造管理，通过打造智慧工地的手段，提升施工各环节的管控水平，才能优质高效地实现建造目标。

此项目现场平台架构和一般项目有一定的区别，依托大数据平台，将规划、建设、管理统一在三维信息模型上，数据互联互通，提升了人工智能管理、协同办公、进度成本、质量安全和绿色环保等方面施工管理，打造智慧工地三级架构，探索出了全新的管理模式。

首先介绍的是一级指挥部管理平台。这个平台的使用方是代表中国建筑股份有限公司的一个总承包管理部。通过该平台的使用，做到项目整体目标执行可视化，实行基于生产要素的现场指挥调度及基于 BIM 模型的项目协同管理，主要对现场进度、质量、安全整体负责。然后是二级项目部单项目管理平台。项目工作人员通过此平台整合终端应用，集成现有系统，对项目管理范围内的生产、质量、安全、成本、经营管理指标进行整体管控。最后是三级工区管理层终端工具应用。在各项目部下，共有七个工区作为具体的实操部门。这些部门的工作人员通过应用各种终端，利用云＋端、大数据、物联网、移动互联网、智能化、BIM 技术等手段，聚焦于工地、施工现场实际工作活动，采集专业化、场景化、碎片化的数据，进而提升工作效率和现场管理效率。

工区管理层将生产包括生产管理数据、进度质量安全管理数据、办公数据、模型数据在内的所有基层数据。这些不同模块的数据收集之后会汇集到各个分项目部，最终到总承包管理层。之后，各层级可以分别根据自己的关注点，来选择相应的管理内容，进行数据的分析和整体管控。

在工区管理层面，业主方、监理方、专业分包方也能参与进来，进行文档共享、任务流转、模型版本管理与问题记录等方面的数据沟通、交流和传递。

（三）九大平台板块，十一大智能管理系统

项目的智慧管理平台界面由项目概况、生产管理、定位服务、质量管理、安全管理、进度管理、BIM5D、多方协同、OA 办公平台等九个板块组成。包含现场管理的基础信息和定期航拍录像，能够快速知道每天整个现场的进度状况，有利于快速了解平台整体的数字情况。九个板块又分成十一大管理系统，围绕基础数据，通过劳务实名制的管理系统、人和机械定位系统、物料跟踪验收系统、进度管控系统、质量巡检系统、安全巡检系统、作业监督系统、视频监控系统及项目办公管理系统等，把所有内容集成到智慧管理平台。

智慧工地管理平台应用成果

在深圳国际会展中心这样周边环境复杂、体量大、标准高、任务重、压力大的施工项目中运用智慧工地管理平台，涉及模块广泛，应用点众多，发挥的功效和产出的成果都非常显著。下面将就劳务实名制、人员机械定位、物料跟踪、进度管控、质量巡检、安全巡检等几个重点方面进行详细阐述。

（一）劳务实名制系统，让人员管理促生产提效能

项目高峰时期人员近20000人，管理人员接近600人，类似于小型社区管理规模，且人员流动频繁。项目严格推行劳务实名制管理，集成各类智能终端设备对建设项目现场劳务工人实现高效管理。项目的管理人员和劳务人员进场后即刻建立个人档案，绑定身份信息，通过规则设立将人员进行分类管理，防范不合规人员进场。

在物业管理上，智慧工地相当于智慧社区。办公区、生活区和施工区均设置门禁系统，刷卡出入。通过后台配置，将生活区入住卡、工地现场出入卡、饭卡、水电卡、洗衣、洗澡、

超市购物和看病等多卡合一。多卡合一既实现了信息的集中管理，又方便了施工人员的日常生活，实现智能化、标准化的管理，然后再与安全教育挂钩。一张卡基本上能把工人的工作行为、生活习惯的数据整合在一起。现场通过这种实时统计，把所有工种的整体情况快速传递到智慧管控平台，让管理者直接了解现场实时人员情况。

（二）人员机械定位系统，及时解决问题提前风险预防

人员机械的定位系统即通过定位芯片对管理人员和流动式起重设备进行定位，及时了解对象在现场的位置信息，便于监管。由于施工现场劳务人员众多，施工工期短，作业平面超过125万平方米，所以人员定位主要面对现场管理人员，而非劳务人员。要实时了解所有管理人员的分布情况，哪些人在管哪些区域。

在此之前，了解管理人员的工作位置和情况信息只能靠管理人员拍一张现场照片，实时传到网络。现在通过GPS就可以解决。如果现场某一位置出现问题，可以通过移动端快速与管理人员进行直接信息沟通，以便以最快速度解决现场问题。机械方面，主要针对大型的吊车和各种起重机械设备进行定位管控。塔吊安装防故障系统，吊车在工作半径进入到塔吊运转范围之内即对吊车进行定位，防止发生危险。

（三）物料跟踪验收系统，节约成本提升效益

施工现场商品混凝土、预拌砂浆、钢材、地材、水泥、废旧材料等进出场频繁，现场物资进出场需要全方位精益管理。称重系统、管理系统、物料识别系统汇总在一起，形成完整的物料跟踪验收系统，利用软硬件结合，通过互联网手段，指导材料进场到离场全过程，及材料供应厂商状况分析。排除人为因素，堵塞管理漏洞，提供多样而及时准确的数据分析来支持管理决策，从而达到节约成本、提升效益的目的。

深圳国际会展中心钢结构占有很大比重，总钢材用量达 28 万吨。项目智慧工地技术的应用使得项目钢结构部分从设计到原材料采购、加工制作、运输、最后现场安装，形成完整的管理闭环。从钢结构用量来说，如果钢结构部分能有效管理，那么现场总的进度、质量安全就能得到有效控制。

（四）进度管控系统，让工程进度一目了然

针对地下 57 万平方米的混凝土结构的施工，项目进度管控主要依靠 BIM5D 技术。本工程工期紧，多线并行施工，过程中人员、机械、材料到底投入多少，需要非常准确的分析来进行管控。应用 BIM5D 进行进度管理，主要侧重于两个方面。一方面，通过广联达 BIM5D 的应用，完成项目进度计划的模拟和资源曲线的查看，直观清晰，方便相关人员进行项目进度计划的优化和资源调配的优化。

将日常的施工任务与进度模型挂接，建立基于流水段的现场任务精细管理。通过后台配置，推送任务至施工人员的移动端进行任务分派。同时工作的完成情况也通过移动端反馈至后台，建立实际进度报告。支持快速建立流水段任务管理体系，实现了基于流水段的现场任务精细管理。设置任务相关工艺、计划时间和责任人，通过将施工任务与施工工艺相互关联，工长或技术员、质量员在现场跟踪中可以查看任务的相关工艺要求，快速便捷地安排生产任务。工长在生产进度列表中总览派分给自己的全部流水段，点击某一流水段后，可以查看该流水段的全部施工任务，填报任务起止时间、进度详情，运用到包括照片、详情描述、延期原因和解决措施的方式，实现了完善的移动端任务跟踪系统。

另一方面，项目通过无人机进行进度跟踪。施工场地大，通过无人机航拍实现对现场施工的实况追踪。每周两次的固定航线拍摄，既方便项目各方及时了解现场的施工进度，也积累了大量的现场第一手资料数据，供后期使用。

（五）质量巡检系统，质量问题尽在掌握

这个项目上线了质量巡检系统。该系统能将质量检查标准精准推送到相关工作人员所持的移动端，也可以反向接收信息，由工作人员将现场质量问题实时拍照并同步上传到平台系统中。系统在后台将收集到的质量问题汇总并进行统计分析，最后一键生成质量报告。在系统的看板中可以快速查看质量问题。

除此之外我们还辅以无人机红外测绘技术和无人机逆向建模技术，让质量巡检系统更精准更深入，发挥更大的功效。无人机红外测绘技术即通过无人机下挂红外热像仪，精准、快速地对现浇混凝土的温度变化、市政管道的渗漏点、屋面和幕墙的气密性进行检测。该技术在项目中应用对于项目的大底板的温控检测和金属屋面的密闭性检测具有一定的价值。而无人机逆向建模技术，是通过绘制现场的点云模型，辅助对土方量的商务测算和对基坑的位移变形分析。

（六）安全巡检系统，让施工现场提前风险预控

项目上线安全巡检系统，以移动端为手段，以海量的数据清单和学习资料为数据基础，以危险源的辨识与监控、安全隐患的排查与治理、危大工程的识别与管控为主要业务，支持全员参与安全管理工作，对施工生产中的人、物、环境的行为或状态进行具体的管理与控制，通过"事前预防"、"事中管控"的方式杜绝事故的发生，为施工现场的安全管理提供全过程、全方位的实时监督管理。

当发现现场安全问题时，安全管理员对问题点进行拍照，描述具体的问题，在手机端上传智慧工地平台安全巡检系统。系统自动通知项目负责人，并将问题同步发送到了项目负责人手机中。后台对安全问题进行汇总和统计分析，安全检查报告一键生成。项目负责人通过安全看板对问题快速查看、及时整改，从源头监管施工安全问题，降低施工事故的发生。

平台打造质量红黑榜，对优秀施工做法和质量缺陷警示进行定期（按月）公示。为倡导全员参与安全管理，项目上开展了 APP"安全随手拍"活动，平台定期公示"安全随手拍"奖励排名。同时采用集装箱抽屉式扩张的方式，在集装箱里完成对工人的 VR 虚拟安全体验和多媒体安全教育培训，并结合实体综合安全体验区，现实与虚拟多功能教育培训室，提高工人的安全意识。

（七）其他较为重要的智慧工地管理系统

此外，群塔作业安全监控系统、视频监控系统、TSP 的环境监控系统、资料管理系统、项目 OA 办公系统等不同方面的系统也均链接在平台上进行管理。

群塔作业安全监控系统：对现场塔吊运行状况和一些具体信息实现现场安全监控、运行记录、声光报警、实时动态的远程监控，使得塔机安全监控成为开放的实时动态监控。

TSP 的环境监控系统：项目南北区各安装了 5 台环境监控设备，可与现场喷淋降尘系统互联，当扬尘超标时，会自动进行降尘作业。同时与智慧工地平台进行对接，将数据传递到平台处，在项目看板显示想要的数据，以便对现场进行实时的监控。

资料管理系统：本工程图纸版本多、模型文件多、参建单位多、报审资料种类多，为便于统一有序地管理，需要一个多方协同平台。资料管理系统可以支持 50 余种建筑行业常见文件格式在线预览，无需安装专业软件，随时随地查看，提升了工作效率。桌面端和手机端均可在线打开图纸模型，无需安装应用软件。

OA 办公平台：在手机、平板、PC 等不同的应用端都可以进行办公管理，把所有系统均纳入到智慧工地平台中。对于项目来说参与单位多，人员数量大，相应会议申请、报销申请、公文审批、合同审批等等办公活动数量非常巨大。有了 OA 办公平台进行智慧管理，所有审批从一个地方发起，统一处理入口，统一的处理方式、操作方式，即时消息在微信、移动 APP 统一提醒，流程设计、管理均在一个流程设计中心管理，所有流程当前进度、运转情况统一监控，大大节省时间、人力，提高管理质量。

树立超级工程"智慧建造"应用典范

基于 BIM、智慧工地技术的成功应用，通过对数据信息的收集、分析、决策，使得深圳国际会展中心项目实现决胜千里之外的精细化"智慧管理"。通过"智慧工地"全面感知施工现场，实现了工地从数字化、在线化到智能化的技术升级，从而使工地技术智能、工作互联、信息共享，实现作业升级；使工地可视、可管、可控、可测，实现管理升级。

深圳国际会展中心项目为我们树立了超级工程深度应用"智慧建造"的典范。未来，我们将继续以先进技术驱动整个建设行业的创新与进步，实现施工现场数字化、在线化、智能化的综合管理，让每一个工程项目成功！

企业转型升级中的 BIM 体系建设之路

崔岜

中建一局集团第五建筑有限公司 BIM 中心主任

　　从 BIM 理念进入中国、试点研究、标准制定，到在建筑行业逐步推广应用，BIM 技术由协会推进到政府部门推动，在建筑行业掀起高潮。大型建筑企业和业主企业都对 BIM 技术的应用高度重视。那么从企业推行 BIM 技术应用的角度来看，这一过程中要注意哪些环节才能更顺畅更合理呢？中建一局集团第五建筑有限公司 BIM 中心主任崔岜在今年（2018 年）的中国建设行业年度峰会施工分论坛上就这一问题给出了很好的解答。

　　如今建筑施工企业纷纷迈入了信息化转型升级的潮流之中。中建一局集团第五建筑有限公司可以说既是信息化转型升级道路上积极的探索者，又是信息化转型升级的受益者。公司 BIM 中心的设立是对信息化技术应用较为成功、成熟的实际案例。在开展 BIM 应用的道路上，通过探索、决策、实施、转型四个阶段的摸索，认识到 "一把手工程" 是 BIM 推广的一大特点。"团队建设" "体系建设" "量化考核" "培养人才梯队" "打通晋升通道" 是企业建设 BIM 的关键点。公司在工作过程中逐渐理清并不断优化了 BIM 推广的一系列方式方法，目前在 BIM 工作管理开展的同时兼顾智慧产品线的打造，聚焦产品线细分领域，成为我们推进 BIM 更深层次应用的重点课题。

企业介绍

中建一局成立于 1953 年，隶属中国建筑股份有限公司，是中国建设领域唯一一家荣获中国政府质量最高奖"中国质量奖"的获得者。鉴于对建筑品质的高要求，中建一局 BIM 技术在精细化管理、提质增效方面大有可为，因此中建一局的 BIM 技术在行业内也比较领先。中建一局集团第五建筑有限公司具有房屋建筑工程施工总承包、机电安装工程施工总承包、建筑装饰装修工程专业承包、钢结构工程专业承包、地基与基础工程专业承包五个一级资质，以及市政公用工程总承包、消防设施工程专业承包、建筑智能化工程专业承包三个二级资质，具备雄厚综合实力的大型建筑施工企业，足迹踏遍全国各地。

公司 BIM 应用发展历程

（一）启蒙阶段

2012 年 BIM 技术在国内刚刚出现，中建一局集团第五建筑有限公司机建部凭着对 BIM 技术的高敏感和高嗅觉，组织了一次 20 人规模的培训。我本人也正是得益于这次培训，获得了很多理念上的感知。一个部门的建立往往基于一个需求，公司当时要做基建深化设计所以推动了 BIM 技术，但随着部门领导的变动，就可能会生推动力度不足的问题。之后，基建部改组成基础设施事业部，BIM 技术推广工作也就随之销声匿迹。

（二）探索阶段

2013 年到 2015 年，随着 BIM 技术的兴起，集团开始把 BIM 作为未来发展的八大技术之一，并由技术部进行探索应用。从一个万达项目着手，基础部下设置 BIM 管理岗，将 BIM 技术作为新技术之一开始探索。技术部、方案组尝试借助 BIM 技术做投标方案，个别项目部成员组成共同学习团队进行学习，随后公司逐步更新了十几台电脑设备。

在探索阶段，BIM 需求还没有深度发掘，技术部和各项目成员均为兼职，员工的积极性不足，设备没有做到资源最大化利用，所以产生很多闲置。所以我认为在早期阶段推动 BIM 技术的主要资源可能并不是设备，而是团队建设。

在这个阶段内，中建一局集团第五建筑有限公司于 2013 年参与中建企业 BIM 大赛并获得一等奖。但就此单点项目的总结并没有做到理想状态，故而项目成果没有在公司范围内大面积推广。这也可以看出来体系建设的重要性。本人在 2016 年底从项目经理岗位调回，负责公司的 BIM 技术推广。领导认为，公司在 BIM 技术应用推广上的实际状态是"起了大早，赶了晚集"，而这种情况在很多公司都存在。这是一个艰难的填坑阶段，BIM 应用推广工作需要从前期投入大的"负债"阶段，尽快产出价值、奋力爬坡，整个企业也走在充满挑战的转型升级之路上。

（三）决策阶段

2016 年我认为是 BIM 发展的关键之年。之所以把它定义为决策阶段，是因为国家出台了"十三五"信息化发展纲要，明确了 BIM 发展的战略地位。集团方面出台一系列的文件，正式把 BIM 技术纳入体系管理的维度，明确了发展三目标："全员 BIM 深度应用"的发展目标；"BIM 技术纳入考核体系"的管理路径；"高层能动、基层能用、基层能做"的人才培养和储备目标。集团同时推出了一系列 BIM 技术推广的理论和方法，包括把 BIM 技术的 58 个应用点做了一、二、三等级的划分，把应用工程按照 A、B、C 三个等级进行详细的归类，同时提出了确保五个 BIM 覆盖率的概念，包括 A、B 级覆盖率等，应该是国内第一家将 BIM 全方位实现量化考核的企业。

集团在 2016 年开始出台相关制度，首先是 BIM 研究实施方案、建构标准和建筑施工工程 BIM 应用第一版、第二版。建筑施工工程 BIM 应用第一版共 100 页，总结项目成果是主要内容。这一资料在 2017 年年底进行成果总结时已经达到 400 页。集团还出台了"科技推广示范工程管理办法"，明确在科技工程示范工程以外还有一个 BIM 示范工程。BIM 技术的考核评价实施细则第五条规定了考核管理路径。实施标准化管理手册，明确了项目级 BIM 团队的理念和发展形式，确保全员应用。此外还确定了实体化 BIM 工作站的运行认证标准。集团鼓励子企业以实体工作量的形式去运行，同时搭建集团级的资源平台，把集团级资源共享做到标准化。这些文件还有这些制度为子企业推广 BIM，提供了非常好的依据和指引。

2016 年 4 月公司对 BIM 技术下一阶段的发展进行大讨论，决定做一个顶层设计和决策。讨论得出两种方案：一种是延续之前的管理思路，技术和其他各相关部门均设置 BIM 岗位进行推动；另一种是设计专门的 BIM 中心，完全独立地推动和探索 BIM 技术的发展。鉴于了解公司 BIM 技术相对落后的现状，看到 BIM 技术和它身后所代表的"新建造"模式在未来会有一些发展动力，不难得出一个观点：技术变革未必真的是技术部的事，一定要将它提到足够高的战略，故而第二种方案更为可行。因此在领导支持下，公司成立了全新部门：BIM 中心。

（四）实施阶段

2017 年，我们的 BIM 发展进入实施阶段，部门组建之后在 BIM 组织和管理方面全面发力。首先整个体系走向正规，在总部 130 人的编制中，BIM 中心设置 10 人编制。前期的团队建设非常重要，万事起头难，每个人的学习任务都非常重，要求团队一定要年轻、活力、学习精力旺盛。其次明确研究方向，今年（2018 年）主要探索医疗建造行业、装配式、还有 EPC 的设计对接。前期搭建业务框架时，人少但要精，把框架搭起来，才能为未来的发展提供思路。

接下来我们开始根据"十三五"发展规划，指定集团的 BIM 工作实施方案，尤其是细化集团考核评价实施细则，针对公司的发展情况，确定实施方案。在这个实施方案中，包含非常明确的管理制度流程，保证管理从项目立项开始，全面覆盖项目启动会、下达目标责任书、过程控制、年度考核等环节。同时明确了考核依据，每年以 BIM 工作要点的形式，对质量、技术单独下指标，将公司全年 BIM 工作进行书面下达。

奖惩制度的设立也是普遍比较关注的问题。我们修订了科技奖的管理办法作为奖励办法，奖励额度较大。根据全年投入和产出的成果，单独给领导上会，进行一些特批，对公司的标杆项目进行奖金支持。根据奖惩对等原则，罚责也是严格执行的。想要前期完善奖惩制度，管控手段必须要刚性执行，制度上就要先僵化再优化，这是前期开始推动过程中必要的一项工作。

日常管理工作方面，也要面面俱到。比如我们制作《五公司 BIM 技术应用口袋书》，把 BIM 应用推行较好的项目进行案例总结，降低项目经验的学习门槛，减少项目 BIM 应用点的零散度，让项目 BIM 应用点聚焦在企业的 BIM 应用实施方案上。另外 BIM 工作室参与制定的《中建一局五公司项目提质增效规定动作（2017 版）》在公司范围内发布，用以明确 BIM 管理规定动作：质量安全 APP、模板脚手架设计软件、施工场布软件作为必须使用的规定动作，BIM5D 管理平台、无人机技术应用、智慧工地管理平台方面作为推荐使用可选动作。《项目提质增效规定动作》将根据项目需求和施工信息技术的发展情况每年进行更新。

同时对于各项目 BIM 应用的情况，我们通过月报管理的形式进行收集和分析。从 2017 年 3 月一直持续到今年（2018 年），月报管理的执行确保了我们对所有项目情况的清晰了解。

施工单位都会有检查和过程考核，我司在推动这项工作之前，BIM 技术比重只占履约检查综合检查的 1%，重视程度不高。经过协调，我们把 1 变成了 10。这种分值的上升确实大大增加了项目对 BIM 技术的重视程度，包括人员的配备、培训、设备配备，给项目的员工提供了很好的工作环境，通过履约检查还可以对项目进行指导。

2017 年因为涉及项目较多，对于 BIM 人才是完全失控的，也无法判定该组织能否把 BIM 很好地推广下去。因此我司采取了站岗式策略，统一组织大项目库的人力资源调动，再在总部设立对接。设立标准化 BIM 工作站的标准，进行实体化 BIM 工作站的认证。目前逐步认证 BIM 工作站已达 12 个。到 2018 年，很多 2017 年的培养工作已经初见成效。很多项目是主观意愿上想出成果，要求做认证，如此一来逐步实现了从大项目部管理向项目的纵深贯穿。我们的思路是，随着项目对 BIM 技术的逐步重视，BIM 团队的积极性和组织性得到开发，积极争取公司的奖励和支持，内生动力被源源不断地开发出来。同时总部的资源也可以得到有效的倾斜，比如 A 团队表现优异，就可以把软件资源给投放到这个团队。这要求公司总部在资源上一定要做好项目前线作战人员的后勤支持。

根据目前状况来看，从事 BIM 技术应用推广，全部依靠兼职工作会很难推动，并且每个人的工作压力过大，有一些奖励和支持是当务之急的。经验告诉我们光凭薪酬制度同样是留不住人的：兼职情况下，员工的工作年限基本上都在三年以内。一来，三年本身就是人才流失的高峰期，二来 BIM 应用初期人员职业发展思路不清，工作量过大，奖励又不足。经研究，我们认为专兼结合、打通专业人才职级晋升通道是较为可行的办法。为此，我们准备调整人才梯队管理办法，以确保从事 BIM 技术的青年员工能够快速成长，增加提升机会，给予相应岗位待遇为制度核心。计划中，设置一个 BIM 经理岗位，但他只是岗位专职。如果由兼职人员来出任 BIM 经理，并不需要他离开原有的技术专业和岗位。如此一来，兼职人员不但能够提前得到相应的岗位待遇，而且还会确保留存其原有岗位的发展空间。比如，总工或生产经理来到 BIM 经理的岗位上，那么，他将成为一个具有 BIM 理念的总工或生产经理，这样就打通了专业人才的职级晋升通道，也体现了我们公司领导对人才的态度：为奋斗者铺路、为担当者担当。

此外，人才储备也是 BIM 应用推广的重要一环。我们公司大力开展培训，先是成立了先锋 BIM 学院，并于 2018 年正式纳入公司人才培育体系，成立鲁班学院 BIM 分院。作为 BIM 人才产出、专家孵化的培训载体，最终将成为公司建筑信息化人才的培育基地，助力公司转型升级。截至目前，已成功举办公司级软件培训班若干期，覆盖 BIM 类软件多达 10 款（LUMION、3DMAXS、TEKLA、DYNAMO、CIVIL3D、CATIA、BIM5D、广联达模架、广联达场布、斑马网络计划）。

如果只面对技术人员推广 BIM 应用，就忽略了其他业务口对 BIM 的需求。因此在培训中我们做到以需求为导向，真正逐步打通系统间的认知壁垒，例如配合安全系统、党工团建系统进行相关主题的 BIM 培训。在我司认定的站长中，就包含了质量员、安全员等不同业务人员，在质量、安全领域应用 BIM 技术，这是打通系统壁垒的一个方式。

鼓励持证上岗也是我们公司人才培育体系的重要方面。针对工信部和人社部的取证工作，公司会组织两次考前培训。根据年度目标，推动公司 BIM 持证人数达到 50 人。经过报考，目前持证人数已达到 46 人。同时要求各大项目部落实最少三人持证的管理要求，并逐步推进各实体化认证的单个项目部 BIM 工作站具备两人持证的进一步管理要求。

公司举办 BIM 应用大赛也是很好的方式。2018 年 3 月，公司 BIM 工作室与工会联合举办了"学院杯"BIM 技术综合应用竞赛，大赛邀请了集团专家、全国大赛专家担任赛事专业评委，各大项目的 BIM 工作站站长、骨干成员到场参加大赛。此次大赛共收到综合应用竞赛 26 个项目作品，通过初审 10 个项目进入决赛答辩环节；个人赛总计 53 人参加线上竞赛。大赛氛围效果非常好，创奖、创赛激发了很多员工的热情。

通过第一年的管控、培训和指导，BIM 应用推广取得了一些进步：内控覆盖率逐步提高；持证人数逐步上升；应用 BIM 技术得到了企业、项目层级的足够重视；岗位转化成果显著，安全、商务、质量、现场等跨系统成员学习效果明显，较多的 BIM 特长人才走上了中层管理的岗位。

公司在整个 BIM 应用的实施阶段取得了不俗的成绩。今年（2018 年）6 月份我司抽查 169 个项目进行 BIM 应用点的全部勘察。这些项目在环境和人才培养上都有不错的表现，同时也有一些很好的应用点，这坚定了公司的信心。人员培训方面，从 2017 年截止到现在培训人次达到 1300 人，岗位转化成果显著，很多 BIM 跨系统的成员都走向了管理岗位，这也坚定了我们推进 BIM 的信心。不难看出，这些成绩离不开公司上下齐心协力，领导层给予足够的支持和重视。所以不管是 BIM 技术推进还是新建造模式的升级，一定是要放在企业战略发展层，真正成为一把手工程，才能快速跟上时代的步伐。公司在 2017 年也取得了很多成绩，实现了跨越式发展。公司荣升房屋建筑工程施工总承包特级资质和市政公用工程施工总承包一级资质。成立了西藏分公司，成为中建首家进入西藏的企业。承揽了全国最大的水路城市治理订单——包头市城市水生态提升综合利用项目，总投资 172 亿，施工总承包合同额 100 亿。

（五）转型阶段

2018 年公司步入转型阶段。"数字中国"战略构想的提出，使建筑行业迎来了新的发展机遇。中建股份公司总工程师毛志兵在三年一度的科技质量大会上提出，新时代建设者的终极目标则是实现绿色建造、智慧建造、人文建造。并对智慧建造定义了三个步骤，分别是数字建造、智能化建造、智慧建造。现阶段，加快数字建造是当务之急，而 BIM 技术在其中可以起到核心的作用。

在此背景下，集团对之前的发展思路进行升级，明确了接下来的 BIM 发展以"智慧建造、品质提升"为方向，以"全员参与、落地应用、加强深度融合、倡导提质增效"为目标，以"拉后劲、推先进、抓全面、推高端"为指导思想，将智慧建造提高到一定高度。在实践层面，集团于北京城市副中心、深圳国际会展中心等项目中大力拓展 BIM 技术综合的项目管理体系。

在此形势下，公司根据不同领域进行细分，确立了四大产品线：EPC 工程、医疗建设、装配式建筑、智慧建造，其中智慧建造就是 BIM 中心的转型之路。公司刚刚成立技术中心的七个分中心，智慧建造分中心作为第一个分中心肩负了实现公司智慧建造的使命，它的主要工作是将 BIM 技术真正发扬光大，并以其为基础向各业务链条拓展、延伸，对我司未来将逐步打造的智慧建造产品线进行梳理、研究和推进。对各类高新技术（互联网 + 智慧工地，BIM+N 等）进行学习、调研、引进。其实，相关工作已经不仅限于 BIM 技术，而是提升为战略构想的高度，打破旧有方式，利用信息化手段实现工作流程的升级。

BIM 中心基于分中心还做了若干校企合作，通过校企合作的方式源源不断地补充人才，推进开展研发课题。例如与西藏大学开展合作，计划通过对西藏博物馆改扩建项目进行试点应用，创建一个典型的智慧工地和样板工程，与藏大共同在当地打造品牌。此外还与郑州大学、北京工业大学、山东建筑大学等高校开展了校企合作。

我司 BIM 中心承担了若干"十三五"的课题和国家课题。比如与西藏大学共同申报住房城乡建设部课题"建筑信息一体化 (BIM) 技术研究"；承担"十三五"国家课题"固废减排课题中的 BIM 技术研究与应用"；立项西藏自治区软科学研究示范项目课题研究；配合申报 3500 米海拔施工关键技术课题；配合申报并参与课题智慧梁场；牵头申报基于 BIM 技术的无人机测量课题等。

本阶段内，BIM 中心大力配合了产品线融合。例如配合医疗建造产品线参加行业展会。工作室一直重点跟踪京东方医院项目的 BIM 技术应用，作为配合医疗建造产品线的示范工程持续跟进。关于产品线的 BIM 工作，有一个标志性的医院建造项目。一般来讲至少 24 个月才能建成的医院项目，我司运用 BIM 技术进行管理仅用了 17 个月就完成交付。此项目总结之后，配合参展 2 万人规模的第 19 届全国医院建设大会，并参与了医院建设指南的参编，承担 BIM 技术应用章节编写工作，拓展公司品牌影响力。同时，通过这次医院建造大会我们发现，医院建设领域对于 BIM 技术并不熟悉。借此拓展思维，BIM 可以在不同的产品线中得到不同的运用。因此公司打造产品线，聚焦细分领域，突出差异化优势具有重要战略意义。

公司对于 BIM 应用推广的优异成绩取得了业界的认可，因此 BIM 中心进行了一些参编标准的工作，例如：参与高新人才认证 BIM 技术应用等级考试教材的编写；参与北京市地标"北京市暖通施工建模细度标准"的编制；参与《医院建造指南》第六章 BIM 章节的编写；计划参与团体标准市政综合管廊标准中 BIM 章节编写等。

展望未来

接下来我们不妨设想，发挥公司建筑、人防双甲级资质，落地设计机构。结合 EPC 工程引入 BIM 正向设计，强化 EPC 中的设计职能，补齐短板。

成立机电深化设计机构、建筑工业化深化设计机构、钢结构深化设计机构等专业深化设计工作室。真正打通设计—深化设计—施工总承包的管理链条。强化公司总承包施工、专业承包施工能力。以此为契机实现多元化发展。

中建一局集团第五建筑有限公司 BIM 中心将紧跟"数字建筑"国家、行业发展的大潮，不断向业界同人虚心学习，紧跟公司产业融合、转型升级的脚步，为助力公司成为形神兼备、名实相副的中建特级资质核心子企业，而贡献力量！

项目管理信息系统要用到实处，为企业创造价值

鲜川

中建二局第三建筑工程有限公司信息中心主任

随着中建二局第三建筑工程有限公司管理规模的不断扩张，公司的管理人员由5年前的3000多名增加到8000名；经营区域由华北、华中、华南扩大到华西；最大管理半径由500公里延长到2000公里，传统管理模式和手段对全公司所有项目的有效管理越来越困难。同时，建筑市场竞争越来越激烈，建筑工程施工利润越来越薄，如果不能对项目实施精细化管控，继续沿用粗放式管理模式，将很难在建筑施工市场生存。为此，公司制定了用信息化手段辅助施工管理的战略。

信息技术在标准化管理、高效率管控、统计分析、趋势预测等方面具备先天的优势。将其应用于项目管理，能在公司所有项目实现标准化管理，规范各级管理人员的工作行为，使公司各项管理制度得到精准落地，使各分公司、各项目部实现均质化发展；能显著提高各级管理人员的管理效率；能对施工管理各环节进行精确约束、实时监督及完整高效的统计分析，使精细化管理思想得以落实。

项目管理信息系统建设目标

（一）阶段目标

2015年，完成项目管理系统开发及试点项目上线工作。

2016年，项目管理系统全面上线，覆盖公司所有在施项目。

2017年，实现项目管理系统与OA系统整合，实现项目管理系统与云筑网集成。

2018年，实现项目管理系统与P6系统集成。

2019年，实现项目管理系统与财务系统集成，最终实现全公司一体化综合信息管理平台。

（二）功能目标

（1）构建管理层次清晰，业务功能完善，数据关联严谨，能够切实满足公司实际管理需要的项目管理系统。

（2）能够对施工过程中的成本管理进行精准的过程控制。

（3）建立完整的经济、生产管理业务流程，实现各类业务的闭环管理。

（4）与项目计划管理平台集成，建立完整的履约分级管控模式，对项目履约进行分级管控，确保项目履约。

（5）建立完整的风险分级管控功能，对项目各级各类风险尤其是经济运行风险进行全面跟踪管理，显著降低项目风险。

（6）与OA系统实现完全整合，全面引入手机审批功能，提高系统的易用性，提升全公司的信息化管理效率。

项目管理信息系统选型

中建二局第三建筑工程有限公司在项目管理信息系统实施前对中建股份内部及国内其他知名建筑企业进行了广泛调研，从系统先进性、实用性、可扩展性等方面进行了深入分析，与意向软件公司进行了深入接触，最终选择了广联达公司的 GEPS 系统。

本系统以广联达 T6 为基础平台，与公司目前正在应用的 OA 系统一致。系统的成本管理核心思路与公司的商务管控相吻合，并与目前国内广泛应用的广联达预算软件生成的文件能够无缝集成。同时，该公司也是中建股份公司云筑网的前身集采系统的开发单位，全面支持云筑网集成。

项目管理信息系统建设方案及实施历程回顾

（一）整体方案

中建二局第三建筑工程有限公司的项目管理系统以云、大数据、物联网、移动互联网等技术为基础，运用现代项目管理理念，面向施工项目建造全过程，满足项目管理层和公司层管理项目的需求，全面提升项目成本管理能力，并最终为打造盈利项目提供坚实保障。

该系统不仅管理项目收入，还在如何控制各条业务线上的成本支出方面给出方案。应用中既有执行层面的一线业务托管，又有公司层面的细节监控管理；既提供岗位应用价值，又实现整体应用效益；既把核心业务管理到位，又把项目整体进行系统托管；既管理项目成本线，又管理资金收支线。整体解决方案面向施工建造全过程，将在规范业务流程管理、员工技能提升、服务最终客户等方面为项目管理人员提供全方位的支持。

（二）实施过程

中建二局第三建筑工程有限公司在推进项目管理系统建设中遵循了循序渐进、以点带面、公司（分公司及项目部）全面联动的原则：由各体系对自身的业务进行了全面梳理，明确公司、分公司、项目部各级管理机构及管理人员的职责、工作内容；明确所有业务的数据、表单及流程；明确核心业务的管控思路。

组织公司、分公司及项目部人员对 GEPS 系统标准版进行了全面分析，找出与公司实际管理相吻合及不相符的功能点，对不相符的功能点提出改造方案及业务模型。软件公司根据公司提出的改造方案对 GEPS 系统进行了二次开发，公司各体系组织相关人员对改造后的系统进行了全面测试，对系统 BUG 及功能误差进行了完善。公司在各分公司分别选择了两个项目作为试点项目，对系统进行了长达半年的试用，在试用过程中对系统功能进行了进一步完善。

公司信息中心对系统中包括组织机构、人员账号、角色分配、功能授权、管控参数等各类基础数据进行了初始化录入。同时，公司各体系组织项目管理相关人员对系统应用进行了全面培训。在这个阶段中，全公司各项目全面应用项目管理信息系统，线下、线上业务同步运行；三个月后，线下业务逐步退出，线上业务全部独立运行。

（三）业务平台功能

（1）首页监控：覆盖项目管理业务，两级监控。企业级展示公司整体核心业务情况的动态监控，如新签合同额、完成产值、在建项目、投标跟踪项目、审核代办、风险预警等内容；项目级展示项目的各项核心目标的执行情况，如合同金额、目标责任成本、利润目标、税负目标、成本与资金分析等。

（2）移动应用：随时随地，一手掌握。公司领导随时随地可通过移动端查阅公司、重点项目经营数据及批阅单据。流程中心中待审批单据分类清晰，多维度查询定位功能可快速定位到要审批的单据，同时简捷方便地查看单据的各项信息，包括附件查看。扫二维码查看单据功能可方便用户进行纸质单据的防伪检查，保证数据真实性。

（3）线上审核流程：公司的核心管理流程全部在线运行。流程配置灵活，可配置复杂的审批流程，如会签、条件判断等，以及设置督办、超时提醒、抄送等，流程流转情况直观易监控。

（4）管控参数：系统提供丰富的业务管控参数，变被动管理为主动管理。支持严管、受控管，使公司的管理制度能用信息化方式来落地，并且可满足各类施工企业不同类型的管控需求，以及同一企业在不同阶段的管控要求。

（5）风险预警：不同企业可根据自身管理需求，灵活设置预警条件、预警提示对象，系统会自动触发并及时通知相关人员。除了消息预警，系统还可提供标红预警，对超条件的数据记录进行标红显示。

（6）打印报表：系统支持根据企业的日常业务单据样式，灵活订制符合本企业的管理制度报表，比如入库单、结算单、会签单等，实现日常业务单据全部在线上审批、线上打印，形成企业的工作平台，提高企业运行效率。

（7）价格平台：通过实际业务数据积累，系统自动形成资源的价格平台，如材料采购价格平台、分包价格平台。系统支持直链广材网，一键查看市场价和信息价。同时也可查看项目真实的合同价、结算价，以及同一种材料在不同项目的价格差异。系统自动形成价格趋势分析，为招投标时的价格提供参考依据。

（8）打通集成：灵活的扩展性，支持与各种专业应用系统和业界主流软件相集成，如协同办公系统、人力资源系统、财务系统、集采系统、档案系统、智慧工地系统、BIM5D 等，实现信息自动传递，数据自动打通，形成一体化解决方案。

（四）业务系统功能

中建二局第三建筑工程有限公司从投标开始的各项项目管理业务均在系统内完成，下面就四个核心应用内容作简要介绍：

（1）成本管理：可根据中标合同预算与项目签订目标责任合同，通过目标责任成本实时掌握合同风险。项目部根据目标责任合同制定项目的计划成本作为实际成本管控的依据，实际成本发生过程中，项目部可实时了解到项目存在的管控风险。公司也可根据项目实际发生的成本，实时掌握企业的盈亏风险和管控风险。

（2）物资管理：物资管理主要完成项目的物资采购、供应、储存、使用、处置等全过程管理，确保按时、按质、按量满足项目物资需求，控制物资成本。对材料数量，可实现按计划管控，控制需用计划量不超总量计划量或部位计划量等。对材料价格，可管控合同价超预算价或测算价时标红预警。同时可通过查询材料价格平台来实时掌握各个项目真实的采购价格，实现价格共享和对比。对合同、入库、结算等业务环节，实现价税分离，满足营改增后无税价进材料成本的需求。软件自动生成材料收发存明细台账，及时掌握材料采购、消耗及库存情况。

（3）分包管理：分包管理包含对劳务分包和专业分包的管理，主要包括分包商的准入以及合格名录管理，以及分包合同的审批、签订、变更、过程结算、最终结算、付款等全过程管理。对分包用量可控制结算量不超合同量，避免结算时结超。对分包价格可控制合同价超指导价时标红预警，同时可以通过查询分包价格平台来实时掌握各个项目真实的分包价格，实现价格共享和对比。

（4）资金管理：资金管理主要实现资金计划管理以及资金计划执行情况分析，可通过管控资金支出不能超资金计划来实现按计划付款。同时可管理项目的资金收入、资金支出情况，对项目的资金收支情况进行多维度分析，如欠收、欠付、工程收款比例、累计付款比例等。同时可加强对付款申请的审批，可管控累计付款金额不能超累计结算金额，避免资金超付现象。对管理项目的各类间接费用和其他直接费用进行过程管控，并及时掌握项目的费用情况。

项目管理信息系统建设成效

截至目前，中建二局第三建筑工程有限公司的项目管理信息系统功能已基本完善，在公司所有项目得到了深入应用，公司各体系的核心业务基本实现了信息化管控。信息化建设的最终目的是为项目和公司盈利服务，随着近几年信息系统的深入应用，其对盈利能力的促进作用已日益显现出来：

第一，工作效率明显提高。随着信息系统的深入应用，中建二局第三建筑工程有限公司各体系的工作效率较早些年已有明显提高，集中体现在审批效率、业务效率、信息反馈效率等方面。

第二，项目管理日益规范。公司、分公司、项目部三级管理架构清晰，策划、实施、评价三段式管理模式井然有序。标准化管理模式在全公司所有项目得到贯彻落实，项目盈利能力得到均衡发展，从某种程度上解决了均质化管理问题。

第三，盈利能力逐年增强。近几年，中建二局第三建筑工程有限公司无论是合同额、施工产值还是营业利润均逐年上升，始终位于中建股份公司下属公司的前列。

信息化建设经验总结

在公司大力发展信息化建设的过程中，我们也总结了以下五个方面的经验：

第一，信息化建设需要足够的资金支持。自 2014 年以来，中建二局第三建筑工程有限公司每年应用于信息化建设的资金持续保持在 200 万元左右。

第二，信息化建设需要公司各级领导尤其是高层领导的高度重视，否则很难推动。中建二局第三建筑工程有限公司为有效推进信息化建设，成立了以总经理为组长的信息化领导小组，公司总会计师为分管领导，亲自督导信息化的各项推进工作。

第三，信息化建设不只是信息中心一个部门的事，需要公司各体系共同参与，各负其责，否则很难深入。

第四，信息化建设需要顶层设计、做好长远规划，要把"真正解决企业的实际问题，真正提高企业的盈利能力"作为核心目标，否则很容易走弯路。自 2000 年至今，中建二局第三建筑工程有限公司制定了两个信息化五年规划，八个信息化年度规划，确保信息化建设方向始终符合公司战略。

第五，信息化建设不宜好高骛远，赶时髦，追概念，应脚踏实地地根据企业实际开展建设。

近几年，中建二局第三建筑工程有限公司借助信息化管理手段，在施工项目管理方面取得了一定的成效，工作效率、规范管理、盈利能力等方面尤为突出。今后我们将继续深化系统建设，努力用信息系统为公司创造更大的价值，为公司服务。

郑州一建项目管理系统，让企业信息化井井有条

张继永

郑州一建集团信息中心主任

建筑行业的信息化整体起步较晚，现在进入了高速发展阶段，从国家层面也多次推出了《全国建筑业信息化发展规划纲要》。而事实却是虽然大批企业都在搞信息化，但大部分企业都没有找到信息化落地的有效方法，也缺少经典的建筑信息化管理案例。

作为地方特级资质企业，郑州市第一建筑工程集团有限公司信息化一直走在河南省工程建设行业前列，集团始终把技术创新作为企业发展的重要支撑，同时在信息化建设方面进行了长期的研究与实践。

项目概况

（一）项目基本情况

郑州市第一建筑工程集团有限公司始创于 1951 年 4 月，现为房屋建筑、市政工程施工和设计一体的工程总承包"双特双甲"建筑企业。2006 年初次尝试信息化手

段，借助信息化来提升管理，加强项目监控。2012 年起深刻反思企业信息化发展方向，信息化与管理关系：公司战略定位"标准化、信息化、精益化"为发展方向，利用打造"系统、适应、真实、实时"的信息化系统工具，助力企业监管体系。结合企业信息化建设与应用反思，本次信息化建设目的是打造实用型、应用型的信息化，标准化业务、流程、岗位职责，使管理更加标准化；提升数据真实性、实时性，提升业务协同效率；重点加强企业成本管控，风险管控能力，从而提升企业管理与项目管理水平。

（二）项目难点

（1）各子分单位项目管理水平不一，人员配备不一。

（2）业务数据标准不一、数据重复录入、真实数据采集等方面存在问题。

（3）业务之间数据联系不通畅。

（4）存在满足标准化（统一风险防范要求、业务标准）、个性化管理（满足子分单位个性化办公、业务分工、系统应用诉求）的需要。

（三）应用目标

项目管理系统的建设需要实现两个目的：第一是梳理并解决项目本身管理过程中的问题；第二是验证和积累利用信息系统开展项目管控的方法，为后续类似项目应用提供经验。为实现该目的，本项目建设与应用中确定了如下目标：

（1）梳理基础档案，规范基础档案的管理，形成企业数据标准。

（2）梳理企业管理业务，通过信息化系统固化业务，实现信息化业务管控。

（3）摸索利用信息化开展更有效的项目管控方法，并进行验证。

（4）实现信息化管理与应用人才培养。

（5）数据的采集实现一次采集，多次利用；多系统的集成、数据共享应用。

（6）摸索并总结系统应用的推广模式。

项目管理系统应用方案

（1）参照公司的管理制度、质量安全技术管理标准，明确通过信息化固化的业务标准，包括投标管理、施工合同管理、人材机管理与核算、进度、质量、安全、技术、竣工管理等业务环节。

（2）参照公司管理制度与业务部门需求，通过系统采集业务数据，形成相应的业务台账，开展业务分析。包括投标进度分析、合同台账、成本报表、价格信息、资金报表、重大危险源台账等。

（3）系统工具满足兼容需求：应用过程中同时可以导入 project 进度计划、预算。

（4）系统工具满足集成需求：调用电子印章；业务数据直接归档档案系统；OA办公系统之间共享人员、业务数据。

实施过程

结合企业实际管理情况，为确保系统建设目标的实现，成立了项目建设与应用小组，并按项目管理进度开展计划总结工作，确保各项工作的顺利推进。在重新梳理企业信息化发展战略基础上，信息化建设工作也划分为 2 个阶段开展：

第一期（2013~2014 年）主要进行系统化业务梳理，以标准化重塑项目管理体系，并促进项目管理系统核心应用落地。重点建设包括经济类业务（合同、物资、机械、分包、成本管理），重点做好合同、资金支付、成本监控；非经济类业务（生产、质量、安全、技术），重点进行流程重造及业务监管。在实践过程中尝试核心业务在重点子分单位的业务替代。

第二期（2015～至今）主要是在全集团范围内推广应用项目管理平台，并基于为集团相关利益群体加强风险监控、提供决策数据的角度，兼顾集团标准化、子分单位个性化管理需要，实现全公司及项目部全业务替代。在项目平台中进行流程审批及纸质单据、报表打印；利用平台数据，定期进行工程成本分析、业务预警等。本期特色建设电子印章应用、价格平台、流程超时监控、个性化业务管控与预警应用、定制化非经济类业务模块、基于T平台的集成化综合业务报表与门户建设。

成立信息化项目管理机构，组建项目实施团队：在信息化建设过程中，组织队伍建设是影响信息化成败的关键因素之一，是信息化工作推进的重要保障。在项目组织机构方面，郑州一建集团本着遵循"统一领导、集中管理、分部负责、分级负责"的总体原则，建立、健全了纵向控制、横向协调的3层信息化组织机构，很好地适应了集团公司的本部、分子公司及直管项目部、工程项目部的3级管理模式。为加强沟通，公司内部专门建立了信息化群、信息管理员群、集团实施团队群，并建立了平台应用微信平台，便于各层级人员之间的沟通。

开展需求调研，做好需求管理，确保合理的业务需求得到满足：信息系统是将人的业务逻辑转换成计算机语言进行实现。但计算机是按照严格的数理逻辑进行的，相对较为机械，而人的思维更复杂。因此，在开展业务沟通的时候，由信息中心在软件公司业务人员与核心业务部门之间起到桥梁作用。各系统建设初期，由信息中心与主管单位组织，结合公司的制度，进行充分的需求调研，明确了系统建设的范围与边界；系统建设阶段，各项需求严格筛选，充分评估需求合理性、科学性；系统建设的同时，建立配套的制度与流程，提供制度保障。且各项需求在软件系统实现后，由信息中心组织各业务主管人员进行需求测试及确认。

　　做好项目计划管理，建立项目运行考核机制：以项目实施方法论为依托，建立以项目建设全过程为周期的阶段计划、总结机制，保证每个阶段的任务能够圆满完成；建立了以周为单位的周计划、周总结、周沟通制度，及时监督开发实施过程中各项业务冲突项并解决。对于阶段、周计划未完成情况或存在的重点问题，积极反馈项目经理及公司高层，寻求资源、沟通等支持，保障各项业务按计划完成。针对每周、阶段工作开展情况，进行奖惩，充分调动各单位、人员的积极性。

　　开展多层级培训，构建知识管理平台：建筑企业人员流动性较大，培训任务较重，培训效果难以保障。在系统的实施与应用推广期间，集团公司组织了多层级、多形式、针对不同人员的培训，并构建内部知识储备体系。在培训内容上，让全员对平台的建设意义具有明确的认知；针对具体业务人员，明确其岗位的工作范围以及在系统中办理业务的流程和本环节的重要性；推广各单位利用平台的好处。在培训与培养对象上，组织多层级培训（针对平台应用领导层、业务主管、信息管理员、业务人员等）；建立从集团公司、项目部、项目层级的三级知识储备体系。在具体业务沟通上，各级的知识体系如下：集团信息中心平台主管、集团业务主管、集团内部讲师、项目部信息管理员、项目部业务主管、项目部讲师、工程项目信息管理员、业务人员。在培训方式上，授课讲师有软件公司实施顾问、集团业务主管、系统应用骨干人员，不同层级人员对平台的理解交流不同，通过多角度培训，既测试了系统适用性，也可以不断丰富平台的应用；平台业务串讲＋系统演示＋培训考核（笔试＋上机操作），有效地督促业务人员的学习效果。

　　发挥标杆作用，挖掘平台应用价值，促进平台应用推广：在项目的推广应用阶段，不同人员使用平台的应用价值体验将直接影响到业务人员业务办理质量与应用信心。定期开展针对优秀应用项目的现场观摩会、开展平台应用评价等，发挥标杆作用，利用标杆单位的业务展示，调动大家使用平台的积极性。

应用总结

项目管理系统的应用，为公司搭建了各项业务向集约化、精细化管理转变的桥梁。目前，项目管理系统在全公司 80 个在建总承包项目中得到应用，并通过系统进行实际项目的标准化业务管理，确保各项风险在集团的可控范围内。

（1）借助系统固化业务表单、业务流程、审批流程，促进标准化在企业内部落地应用。

（2）严密的业务逻辑，加强了对印章、合同、成本、资金等的重点风险监控环节管理，基于风险预警、成本动态监控、资金支出控制等，有效降低了合同风险与财务风险。

（3）强大的流程引擎，提升了业务审批、协同效率；基于 T 平台构建的办公驾驶舱，实现了业务系统间的数据集成与信息共享。

（4）数据分析与统计功能，释放了各岗位事务性工作，提升了监督效率、效果。

天元集团天元天筑平台案例

李宇婷　　陈朝辉

广联达集采产品部

成功的企业总是非常相似——重视供应链管理，比如本田、苹果。现今，摆在供应商面前的最大难题是资金周转，随着供应商的资金压力日渐增强，给采购方带来的隐性采购成本也在逐渐增加，作为施工方要站在供应链管理角度，以共赢的理念帮助供应商解决难题，帮助供应商成长，同时也可大幅降低自身经营成本。天元建设集团有限公司（简称"天元集团"）通过"天元天筑平台"的上线运营，促进了采购方与供应商之间建立战略合作关系，最终深化合作形成产业同盟，实现共赢。

建设背景

从 2016 年开始，建筑业已逐渐下行，不死神话在中国正在被打破，一些建筑企业正在走下坡路，甚至是破产边缘，这一态势逐步显现在大部分联营挂靠企业。部分管理薄弱、项目微利或亏损而导致公司层面长期亏损的企业，也因拿不到项目或项目减少而滑向破产边缘。面对不断下行的行业和日趋激烈的竞争，企业如何避免死亡的威胁？第一，基于理性的战略思考，在做大做强中做出优先顺序的选择；第二，开源节流。

天元集团是山东省第二大施工单位，同样面临着成本上升带来的发展问题。天元集团成立于 1989 年，注册资本为 120000 万人民币，拥有建筑工程施工总承包、市政公用工程施工总承包两个特级资质，机电安装、公路、钢结构、消防设施等近 30 项国家一级资质，建筑、市政、装饰、幕墙、消防等多个设计甲级资质和建筑、市政监理甲级资质，并拥有涉外经营承包权。面对日益上升的经营成本，天元集团建设并上线运营天元天筑平台。天元天筑平台上线集中采购、合同履约、商城采购、金融服务等业务板块，通过平台化、在线化、规模化交易，配套金融服务，促进采购方与供应商之间建立战略合作关系，最终深化合作形成产业同盟。

产品介绍

（一）规范采购行为，实现标准化采购

企业采购是十分普遍的经济活动之一，无论是生产企业、商业机构还是机关、事业单位都离不开采购工作。对企业而言，采购价格的高低、质量的优劣直接关系到生产经营成本的高低。对机关、事业单位而言，采购直接关系到国家财政拨款的运行价值及国有资产的运作质量。在经济活动全面走向市场化的今天，面对各式各样的供应商，名目繁多的营销术，从机制上规范采购行为已成为当务之急。

集中采购系统是企业规范采购行为的最佳途径。天元集团在企业内全面推广集中采购管理系统，由集团制定统一采购流程、提供标准作业文档、供应商管理、物料管理，并提供标准作业文档。分子公司及项目部按照统一规范在系统中执行采购，有关部门可通过系统监督采购行为，及时发现问题并纠正。

（二）降本提效，为企业开源节流

集中采购的本质是以量换价，通过聚合采购需求来换取议价权。对于建筑施工企业来说，60% 以上的钱用于采购，采购省下来的就是净利润，采购成本每降低 1%，企业的利润率将增长 5% ~ 10%。我们曾为 S 客户建设集中采购管理系统，半年时间为企业节省 6000 万元采购成本，为 H 客户建设集中采购管理系统一年时间节省 1.5 亿元采购成本。

集采系统将审批、开标、评标及定标等业务进行在线化。传统的做法，业务员会拿着纸质文件找各级领导签字，若领导出差，业务可能被搁置。集采系统打破了传统做法，在线化办公使得业务办理效率得以大大提升。此外，系统并不是一座座孤岛，集采系统、履约系统、财务系统、电子商城、金融系统等均无缝打通，数据实时流转，真正将各环节业务打通，实现业务在线化。

（三）供应链管理，合作共赢

供应商管理是非常大的一个话题。供应链管理更是需要本着合作共赢的理念开发并对供应商绩效进行管理。集采系统实现了采购行为中的寻源，履约系统执行采购合同履行职责，履行过程中产生大量供应商评价信息，将评价信息回传至供应商库中，形成供应商管理的一个重要维度，为寻源提供关键参考依据。电子商城中运营方制定供应商评价体系，企业对供应商进行评价，综合评价结果将展示在商城中，企业根据供应商信用等级进行选择。采用"天筑商券"（类似京东白条的商券）作为平台流通货币，甲方支付经销商应付为商券，经销商吸引其供应商进入平台，供应商吸引生产商，从而形成一个个供应链条，互相影响互相促进，平台方与供应商合作共赢。

（四）业务架构

天元天筑平台连接施工企业、供应商、银行等多方企业，将供应商、商机、商品集中起来，进行企业招采，在山东市场乃至行业市场提供招采及金融服务。

平台分为三层：基础层、应用层、服务层。基础层提供平台建设不可或缺的部分，如统一物料管理、供应商管理、安全性能、权限管理等。基础层支撑应用层的正常运转，应用层主要包括两大业务阶段：寻源、履约。寻源过程从计划到采购合同，履约过程从下订到付款，全流程打通。应用层催生众多服务，平台方可根据需要为用户（企业、供应商或其他群体）服务，如典型的材价查询及金融服务，两项服务均需要坚实的业务数据做支撑。建设平台只靠一方是不可行的，联合各方优势共同打造方为上策。

（五）产品特色

在线开标、评标。线下寻源需要将开标人员、监督人员、评标专家、供应商等组织在一起，其中耗费管理成本、时间成本、出行住宿等成本，线上开评标可大大缩减这部分开支。异常监控。招采过程中，出现不正常数据时系统自动过滤形成台账，帮助企业快速识别风险，更好管理采购行为。移动应用。与移动应用场景相关的业务延伸至移动端。例如，在线审批，随时随地做审批；扫码验收，一个手机完成现场验收；招标信息在线查看，商机尽在掌握；在线接单，高效办公。

建设规划

（一）组建团队

"天元天筑"平台由天元集团下属全资子公司山东琅玡科技有限公司携手广联达共同打造。项目组由琅玡科技与广联达高层共同组建，琅玡科技协调内部项目实施所需资源，广联达派出拥有丰富经验的项目团队负责方案设计及产品交付，完成项目实施工作。

（二）"三步走"

根据平台建设规律，项目组制定了实施计划：第一步，搭建集团统一集采管理系统，形成统一集采模式，规范采购行为，降低采购成本，优化下属各产业集团的供应链协同，实现保质和快速供应。第二步，完善并建成标准化的集采＋履约＋电商＋金融的综合电商平台。第三步，应用大数据技术挖掘并分析平台沉淀数据，实现信息共享，助力采购科学决策。

（三）持续运营

平台建成后，离不开用心经营。天元天筑平台运营将从产品体验、功能完善、互利共赢等方面持续规划建设和发展。天元天筑平台在前期的规划和方案设计阶段，始终将用户体验放在第一位，紧密贴合用户的真实需求，从而为用户打造能用、好用、爱用的平台。

平台全面上线后，琅玡科技公司根据实际业务发展的需要，在建立完善的平台运维团队和运维体系的基础上，通过对在线数据的有效分析，为平台优化升级提供真实的数据支撑；同时后续平台建设将继续整合天元集团现有的信息化应用，不断丰富完善平台功能。平台发展是一个互惠互利的过程，通过与供应商在集采电商等业务的持续合作，平台可为供应商提供便捷的金融增值服务，以及理财投资等渠道，真正打造一个共享互惠的智慧互联平台。

"三级四线"，湖南建工让 BIM 在企业中有的放矢

崔明

广联达 BIM 建造产品副总监

BIM 技术是施工企业转型升级的核心引擎

作为我国经济的支柱产业，建筑业近年来一直在以超越 GDP 增速的速度快速发展。尽管建筑产业设计建造能力持续增强、产业规模不断扩大，却存在着发展方式粗放、能耗高、污染大、效率低等问题，这与我们的建筑行业科研投入水平紧密相关。互联网时代，建筑产业转型升级是大势所趋，而 BIM 应用是转型升级的核心引擎。BIM 的应用与推广对行业的科技进步与转型升级将产生巨大的影响，同时也将成为促进行业发展的推动力量。去年（2017 年）的行业报告数据显示，建筑企业对 BIM 技术的实际应用需求和范围在不断扩大，43.2% 的企业在已开工的项目中使用了 BIM 技术，并且呈现 BIM 应用点越来越多、应用程度越来越深的趋势。

（一）湖南建工深入应用 BIM 进行企业管理

为了整体提升企业和项目的精细化管理程度，湖南建工搭建了企业 BIM 云平台。企业 BIM 云平台分数字化项目、信息化公司、互联网企业三个层次实现，现阶段企业在众多项目上开展数字化项目应用并逐步总结、完善一套成熟的应用体系。

企业以 BIM 模型为核心，围绕项目管理基础工作，展开单项工具级和跨岗位协同管理应用，形成"一心六面多岗"的项目管理模式，做到 BIM 技术"三全"应用，即围绕全领域、贯穿全过程、覆盖全岗位。

技术驱动和管理协同的运用，使得越来越多的数字化项目应运而生，需要将各个项目的数据上传给公司，激发了企业向信息化发展的内生动力。一方面需要通过积累整理的 BIM 数据，结合企业丰富的工程实践，建立技术标准体系；另一方面，还要抓住机遇，通过系统化的管理流程、协同化的管理系统以及专业化数据加工，革新企业传统的管理模式。

通过聚合资源，融合创新的手段，将 BIM 承载的工程数据与互联网共享模式以及新技术实现资源合理配置，引领行业朝着 EPC、BOT、IPD 方向进行业务模式深化变革。同时，企业通过 BIM 技术应用能力做支撑，延伸自身的业务领域，开辟新型产业。

（二）湖南建工"三级四线"介绍

"三级四线"管理体系是湖南建工发展信息化公司的理论基础，也是符合公司目前发展形势的渐进式信息化发展路线，目前已经申请国家发明专利。"三级四线"管理体系分为 IT 与 DT 结构，IT 结构采用"组件 + 平台"形式，对三级（项目、分子公司、总公司）进行体系化建设，DT 结构主要为四类数据线（虚拟线、目标线、实际线、评价线）算法规则研究，将数据标准化、结构化。

三级：是针对建筑企业典型的项目部—分公司—总公司三级管理层级，面向决策层、管理层、执行层，构建跨层级、共享型、全领域的新型管理系统。项目执行层通过专业级技术应用，实现数字化项目，为企业管理提供真实、全面的基础数据；分子公司管理层针对部门职能需求，定制开发组件，纵向对接项目数据，横向打通部门信息；总公司决策层则利用企业云平台对组件及项目数据进行结构化储存、分析，提取出有效信息，为企业重大决策提供智能化帮助。

四线：指虚拟线、目标线、实际线、评价线四类工作线，以岗位人员、平台工具、数据信息、内置规则、工作场景五大要素为支撑的信息化管理体系。虚拟建造线数据来源于 BIM 及衍生信息，目标控制线依据三级参数调整设定而成，实际建造线数据则来源于项目施工现场，评价考核线是对虚拟建造线、实际建造线的对比评定。

湖南建工"三级四线"管理体系以项目为核心，通过整合、共享数据信息，高效协同完成项目目标的企业管理。将全集团（分子公司）所有项目的实时产值、成本、效益、新签合同、现金收入、进度情况等数据，以模型为载体，通过云端大数据协同的方式进行统一汇总计算，使得集团（分子公司）的决策层可以实时查看第一手的经营大数据，为其分析决策提供强有力的支撑。

"三级四线"解决项目自身管理难题

湖南建工集团体量庞大，承接项目分布广、数量多，项目管理过程中也遇到一些传统方式难以解决的难题。包括项目管理粗放，数据无法协同发挥最大价值。项目大部分数据还储存在商务、技术、生产等各专业人员自己的电脑中，数据协同难度大，导致重复劳动多、丢失风险大、信息无法继承，项目管控成本高、成效差等问题。

（一）通过 3D 模型与进度、成本数据关联，形成 BIM5D 模型，完成数据整合

利用数字化手段，将业务流程串联，实现岗位工作协同，项目运行效率大幅提升。基于 BIM 进行施工项目精细化管理，为项目的进度、成本、物料等管控及时提供准确信息，帮助项目管理人员基于数据有效决策。湖南建工集团已有 200 余个项目的 BIM 应用实践。有效降低项目成本、提高工作效率、提升企业效益。

（二）将标准内嵌到模型上，成为虚拟建造，即"虚拟线"标准

一方面可以指导项目施工，另一方面可以作为企业给项目下达目标的基准。标准主要包括国家、地方、企业的质量管理标准、安全管理标准、进度标准、资源消耗标准、资料管理标准等。例如：参照《建筑地基基础工程施工质量验收规范》、《混凝土结构工程施工质量验收规范》等验收规范，将混凝土取样的规定标准内嵌到模型中。选择模型某一区域混凝土结构，可以计算应该取样的要求与数量。

（三）将实际情况上传到模型上，成为"实际线"

项目部将质量动态、安全动态、进度、资源消耗、成本投入、资料等上传并关联到模型上，项目管理层可掌握项目情况，通过监控和预警实现项目自身管理。

"三级四线"解决的企业管理难题

湖南建工集团有多个分子公司，管理难度可见一斑。集团发展过程中，也遇到一些传统方式难以解决的对分子公司的管理难题。

集团各管理职能分割，数据信息不对称。集团下设分子公司众多，很难动态了

解各全资子公司、控股公司的运转情况，决策层很难发现问题并提出对各子公司的对策和建议。子公司对项目的管控力度不足。项目问题反馈滞后，很难保证项目的成本、进度、质量、安全、物资等数据反馈的真实性、时效性，公司无法及时发现问题并指导调整，公司管控制度和要求难落地。

湖南建工"三级四线"管理体系中，企业各管理职能部门提供进度、质量、安全、资源、成本、资料的目标，即目标线。项目提供实际发生的数据，即实际线，目标与实际数据都挂接到一个 BIM 模型上，统一载体，数据共享。基于目标线与实际线对比，即"评价线"，实时查看差异、风险预警。解决了各职能部门业务数据不统一、公司对项目管控不利的现状。

将管理流程内嵌到模型中，形成可执行、规范性的操作准则；将建模工作标准化，并把模型数据转化为各管理工作需求的业务数据；基于 BIM 模型为载体，数据跨平台流转，各部门能获取关联的业务数据。通过"三级四线"管理体系，进行公司治理方式改革，变革项目管理方式；全面落实"二三四五六管理办法"。

"三级四线"对协调项目、企业、集团三者关系的价值

企业管理与项目自身管理都是在达到工程合同目标的前提下，降低成本、提高效益。他们的目标是一致的，但很多时候也存在矛盾。

例如企业为了更好地管理项目，需要项目部填报经营数据、生产数据。而一个项目部要面对企业的各个管理部门，例如就一个进度信息，工程部、安全部、成控部、物资部都要求项目部报送，势必对项目部造成工作的重复和工作量的负担。

再比如公司商务部为了防止项目部瞒报、瞎报数据，会要求经营检视报告数据尽量多，除了必要的经营数据，更多的数据上报容易发现前后矛盾的漏洞。项目部

的商务人员准备经营报告少则 3 天多则一周的时间。因为项目部准备月报时间长，无法支撑企业频繁要经营检视报告，企业了解项目经营数据的周期从月度变到季度，形成了恶性循环。

"三级四线"管理体系基于 BIM+PM 管理模式，项目、分子公司、总公司共享同一份数据，项目部无法瞒报、漏报，企业也无需让项目填写报告，可以直接从 BIM 模型中获取数据信息。BIM+PM 模式打破传统，不再像传统 PM 系统基于表单依靠流程管理，而是以 BIM 模型上加载的数据为核心进行管理。BIM+PM 模式以模型为载体，通过各部门各岗位的成本、进度、质量等应用，汇总到项目。通过项目统一的 BIM 模型，整合成本、进度、质量、安全、技术等数据信息。再汇总到企业，在企业 BIM 云平台进行多项目管理。BIM+PM 管理体系实现了岗位到项目再到企业的三级管理。

BIM+PM 管理体系解决了传统信息系统无法解决的难题。企业将全集团（分子公司）所有项目的实时产值、成本、效益、新签合同、现金收入、进度情况等数据，通过云端方式统一汇总计算，利用便捷的网页呈现，使得集团（分子公司）的决策层、管理层可以实时查看第一手经营大数据，为分析决策提供强有力的支撑，真正做到了项目真实情况随时掌握、问题预警、有效管控、服务到位。

中航建设集团"互联网+"智慧工地探索之路

宁志强 朱妍春

中航建设集团有限公司

中航建设集团的"互联网+"智慧工地解决方案运用"云大物移智（云平台、大数据、物联网、移动互联网、智能终端）+BIM"等先进技术和综合应用信息化手段，围绕施工全过程管理，建立互联协同、智能生产、科学管理的施工项目信息化生态圈，并将此数据在虚拟现实环境下与物联网采集到的工程信息进行数据挖掘分析，提供过程趋势预测及专家预案，实现工程施工可视化智能管理，以提高工程管理信息化水平，从而逐步实现绿色建造和生态建造。中航建设集团采用的广联达智慧工地将更多人工智能、传感技术、虚拟现实等高科技技术植入到建筑的生产、安全、质量、大型机械、人员穿戴设施、场地进出关口等环节中，采用"云+端""物联网""互联网"整合技术实现工程管理干系人与工程施工现场的整合。中航建设智慧工地的核心是以一种"更智慧"的方法来改进工程各干系组织和岗位人员交互的方式，以便提高交互的明确性、效率、灵活性和响应速度。

启动背景

建筑企业生存与外部经济环境休戚与共，建筑企业发展与内部能力要素密切相关。经济环境难以左右，转型升级与能力建设便成为中航建设集团首选的重要任务，工欲善其事必先利其器，消化与借力最新的科技成果是夯实自身实力、赢得未来的重要举措。

建筑企业是为全社会和国民经济各部门提供最终建筑产品的物质生产部门。2015年，建筑行业也面临产业增幅下降、劳动力成本上升等严峻态势。建筑工程建设具有明显的生产规模大宗性与生产场所固定性的特点。

建筑企业70%左右的工作都发生在施工现场，施工阶段的现场管理对工程成本、进度、质量及安全等至关重要。由于传统的施工现场管理具有劳动密集和管理粗放特性，因而运转效率低下，在劳务、安全、材料、环境等方面存在诸多问题。

中航近些年的发展已经受益于信息化的助力，未来将继续在碎片应用、互联网、物联网、BIM深度应用、云计算、大数据等应用方面探寻新的支撑点，为中航的持续健康发展不断注入新的活力。

现状分析

目前施工行业普遍面临一系列问题，主要集中在四个方面。一是施工安全管理难度大，施工工地环境复杂，很多工地并未布设监控系统，无信息化远程的监管手段，这对于人工巡检的难度提升了很多。二是人员管理难，工程相关人员缺位现象严重，对项目经理、项目技术的主要负责人考勤难度大；违规操作多发，往往会导致惨痛事故。三是政府监督难，建筑施工工地遍布市区各地，建委、质监、安监等部门的工作人员需要冒着严寒酷暑常年奔波于工地现场。四是调查取证难，偷盗、打架斗殴、施工事故、刑事纠纷、劳工纷争等多发，事故后调查取证难。

中航建设信息化建设目标

（一）集约化经营与精细化管理，公司与项目"两端"能力都要强

　　施工企业的供给过程主要在施工现场，但背后的能力又不局限于施工现场，需要"两端"都要强。一端是项目前线，另一端是公司后方。虽然建筑业当下正经历一场多因素驱动的变革，如建筑产业现代化、营改增、绿色施工、项目模式等变革风起云涌，每一个变化都有其自身的驱动逻辑。但这些变化都没有根本性的改变建筑企业运营基于"项目驱动型"的这一特征，背后的理念依然是企业集约化经营与项目精细化管理相结合，两端都要硬，两端都要强。

（二）满足公司法人对项目建造过程的实时监管

　　建筑法人管工程项目是职责所在，法人并不会因为项目管理模式不同而减少项目管理失控带来的责任担负，中航建设集团对项目建造过程必须履行应有的监管职责。如材料管理，不仅要把控材料计划、采购，更要对材料供应、现场数量与质量验收、库房、现场耗用、盘点和统计等进行监督与分析，公司法人需要及时获取相关信息。以往用信息化手段在处理这些问题时，在业务逻辑上已经有了解决方案，但数据采集方式手段有限，难以做到同步和及时，导致汇总出来的数据滞后，甚至错误。在进度管理、技术管理、质量管理、劳务管理、资金管理、生产管理、机械设备管理、安全管理、质量管理、环境管理等业务中同样面临类似困境，因此在新技术的引领

下将施工过程中涉及的人、机、料、法、环等要素进行实时、动态采集，有效支持现场作业人员、项目管理者提高施工质量、成本、进度水平，保证工程项目成功。形成一个以进度为主线，以成本为核心的智能化施工流水作业线，做到法人对项目过程的监管之实。

（三）满足项目管理者、一线岗位人员对现场施工全过程的管理

工程项目现场管理重点是进度、质量、安全和成本。主要手段就是通过各类载体实现及时准确的信息反馈。如何合理安排现场工作、沟通相关方、整合资源、组织实施、按时交付工程是现场管理者的主要任务。完成现场管理就要依托各类信息化手段来支撑，让管理者实施掌握现场进度情况、人材机的实时运行情况，切实落实进度、质量、安全和成本的管控目标，完成项目全生命期的监控。

（四）降本、增效、防风险永远是企业经营与项目管理者关注的重点

近年来随着企业的做大、做强，承接的项目越来越多，企业的总收入也越来越多，表面看上去是企业越来越大了。然而随着企业规模增大，企业管理中很多深层次的问题渐渐浮出水面，如企业虽然做大做强了，甚至账面上的钱也增多了，而无形的知识积累、知识资产又增加了多少？这可是实现企业持续管理提升与发展的基础，更是企业管理创新的源泉。另一方面，伴随着项目数量众多，现场管理仍旧采用传统的管理模式，管理面的扩大是否隐含着管理风险面的同步提升？数十万劳务工人每天都在进出施工现场，我们如何管控？每个项目 24 小时都在进出物资，我们又有什么手段来保护现场一线管理者呢？充分利用科技手段管理就是一种创新，以实现有支撑的降本、增效、防风险。

信息化实施过程及内容

（一）智慧工地平台实施接入范围

序号	应用项目
1	劳务实名制
2	物料现场验收
3	视频监控
4	质量管理
5	安全管理
6	BIMFace 在线浏览、模拟建造
7	斑马进度（施工网络计划）
8	项目成本管理系统

（二）平台搭建阶段

　　基础平台搭建阶段以现有管理系统、管理工具为基础搭建智慧工地管理平台框架，集成现有应用系统，并同时上线质量管理、劳务实名制、斑马进度子系统应用。在房建施工开始后启动上线塔吊防碰撞系统。

　　公司及项目层在此阶段设置大屏数据展示，以实现实时监控现场管理状况，同时辅助项目生产例会的项目状态汇报及工作决策。

序号	业务范围	具体内容
1	项目概况	项目基本信息、项目作业人员、进度、安全隐患、质量问题信息总览，项目可视化地图，项目对外展示视频信息等

续表

序号	业务范围	具体内容
2	生产管理	现场环境监测信息总览、现场布置图、现场视频监控、塔吊监控、斑马进度数据展示
3	质量管理	质量问题历史数据总览、质量问题类型分析、责任工程师质量问题统计、责任分包队伍质量问题统计、近1月质量问题趋势分析等
4	安全管理	安全问题历史数据总览、安全问题类型分析、责任工程师安全问题统计、责任分包队伍质量问题统计、近1月安全问题趋势分析等
5	BIM智慧建造	BIM模型浏览器端应用（包括但不限于，模型浏览、构件属性查看、行走模拟以及构件工程量信息等）
6	移动应用	利用手机移动设备实时查看现场数据

（三）实施关键里程碑

序号	里程碑	交付成果
1	系统需求调研	《智慧工地系统规划确认单》
2	基础版本系统方案确认	《实施方案确认单—基础版本》
3	基础版本系统集成与联调	《系统交付确认单—基础版本》
4	拓展版本集成方案确认	《实施方案确认单—拓展版本》
5	拓展版本系统集成与联调	《系统交付确认单—拓展版本》
6	系统实施培训验收	《系统实施报告》、《系统实施验收单》

信息化建设成效

（一）保证生产——碎片业务间打通，应用深化

以进度为主线，统筹生产要素，生产管理是工程项目管理的主线，以进度计划关联生产要素，串联整个现场生产，同时也是智能终端应用最集中的子系统。通过斑马进度管理工具打通进度计划编制、执行监控及趋势预测、预警。劳务实名制管理工具打通劳务作业人员实名制登记、安全教育培训记录、进出场考勤及其人员信息的统计分析，从而识别劳务作业人员生产要素对工程进度的影响（如实施作业人员分析、日进场人数分析、项目持卡数分析等），及时纠偏与整改。

通过项目物资管理系统，将物资采购进场、发放领用等信息与工程 WBS 关联，分析其对工程进度的影响。以模型为基础，BIM 深化应用，BIM 模型建造已成为现代工程建设精细化管理的重要技术，围绕 BIM 的模型，通过广联达 BIMFACE 专业技术，实现 BIM 模型轻量化应用，包括 web 端浏览模型、模型构件信息查询等。同时，BIM 技术的应用实现了模拟建造、可视化交底、管线综合以及 BIM 模型信息存储与共享。

项目施工日报，信息自动获取，智慧工地平台整合项目智慧工地碎片化工具，为管理决策层提供项目的整体管理看板（安全、质量、进度、成本等），监控项目关键目标执行情况及预期情况。

（二）替代手工、提高效率——集成应用，动态数据采集

多种应用，集成协同，智慧工地平台集成智慧工地的多种碎片化应用系统，发

挥综合价值。信息收集，整合共享，智慧工地平台整合各智慧工地子系统的数据信息，将项目目标执行情况共享给项目管理决策团队，提升信息利用效率。一个平台，互通互联，智慧工地平台为项目管理团队提供单一信息入口，各团队成员对项目进展一目了然，信息对称，便于做出更加科学的管理决策。

（三）风险监控——量化评价，主动防范

项目管理评价，自检自评打分，项目管理平台手机 APP 端可对项目指标执行情况做自检打分评价，及时发现偏差并及时改进优化。设置管理阈值，偏差主动提示，智慧工地平台可根据项目管理决策者要求设置各管理条线的预警阈值，一旦触发系统自动判断并提示相关方。管理要素变化，分析整体影响，智慧工地平台可根据经验算法，提前分析出某个生产要素变化情况对项目相关指标的影响。

世纪工程拥抱新技术，北京新机场东航基地的BIM实践

任斌

东航投资 BIM 管理中心主任

在皇家特许测量师学会（RICS）主办的"RICS Awards China 2018"全国大赛中，北京新机场东航基地项目荣获了"年度 BIM 最佳应用"冠军。作为由建设方主导并在设计、施工全过程应用 BIM 技术的大型世纪工程，北京新机场东航基地项目树立了大型机场项目的 BIM 应用典范，对于建设方、设计方、施工方都具有借鉴意义。

项目概述

北京新机场东航基地项目总投资 132 亿元，用地面积约 930 亩，由核心工作区、生活服务区、机务维修及特种车辆维修区、航空食品及地面服务区、货运区组成，其中 600 余亩位于北京市大兴区。根据《东航北京新机场主基地建设合作框架协议》，东航集团与北京市大兴区人民政府将以政企共建的新模式，充分发挥各自优势，共同推进东航北京新机场建设项目，确保工程建设始终保持良好、有序、高效态势，同时带动相关产业发展，助推北京新机场临空经济区发展。

工程架构与信息协同

建立项目 BIM 实施组织架构：为更好地推进北京新机场东航基地项目的工程信息化的实施工作，东航投资于 2017 年设立 BIM 管理中心，主要负责制定企业 BIM 发展规划与管理制度、编制 BIM 技术标准、项目级 BIM 应用落地审查、内部技术培训以及企业内部业务需求调研与研发跟踪等工作。BIM 管理中心派专人进驻北京新机场东航基地项目指导、协助现场的管理工作。

信息数据的协同共享：北京新机场东航基地项目的整个建设过程是以 BIM 技术为三维数据基础，通过云端科技手段实现设计、施工各参建单位之间的工程数据串联与共享，使东航基地四大地块在建筑生命周期不同阶段的数据得到整合与管理，实现东航一个项目部对 4 家设计单位，5 家施工总包单位联合管理与协同工作。BIM 技术具有单一工程数据源，可解决分布式、异构工程数据之间的一致性和全局共享问题，支持建设项目生命期中动态的工程信息创建、管理和共享。对此东航投资 BIM 管理中心面对项目众多的数据资料，积极采用协筑云技术，结合企业原有管理平台（OA 系统和明源 ERP 系统），探索、研发基于云端科技与管理系统的专项数据推送、存储、批复、共享。

数据交互与协同：在整个项目的实施过程中，模型需要被多款软件，多次使用以便于 BIM 创造更多新的工程价值，同时，模型的信息数据在频繁的导入导出过程中的接口数据标准化成为数据实现协同共享的关键。IFC（Industry Foundation Classes）标准是 IAI 组织制定的建筑工程数据交换标准，在全球得到广泛应用和支持。东航投资 BIM 中心联合广联达在此理论基础之上，利用 IFC 技术实现 MagiCAD 与 BIM5D 平台建筑信息数据的互联互通。

信息技术标准与应用管控

信息模型技术标准:东航投资依据住房城乡建设部发布的《建筑信息模型应用统一标准》《建筑信息模型施工应用标准》等系列规范,结合企业自身管理特点,编制符合机场基地建设需求及流程要求的信息标准。标准主要包括:《信息化(BIM)实施规划》《信息协同与流程设置》《信息数据(BIM)执行标准》《信息化工程保障措施》等。根据各个建设阶段的关注重点对建筑工程数据的建立和使用提出了详细的要求。

图纸管控与数据分析:东航投资 BIM 管理中心要求项目参建单位改变以往的模型拆分模式以及模型深度标准,采用模型深度与设计图纸挂钩的管理办法,实现二维 CAD 与三维 Revit 模型相互整合的管理办法。丰富项目浏览器的设置,使得包括详细节点大样图在内的所有设计图纸均能在模型中对应三维信息。同时,东航投资将模型工作前置到初步设计阶段,将后续的设计问题用三维形式提前预判,减少后期施工图设计时的工作反复。

北京新机场东航基地将设计图纸以及相关各阶段的评审意见上传至协筑云,以云端技术对设计图纸进行版本管控以及设计疑问的在线答疑工作,并且在不同阶段将各专业的设计疑问进行数据汇总与分析,实时了解项目各标段的设计推进质量,对设计周期进行预判。

为加强对设计质量的管控,东航投资组织召开施工图评审会,并要求各专业设计负责人直接使用 BIM 设计模型汇报设计成果,直接用三维模型展现设计方案和施工做法。在此形式下,模型与出图进度基本保持一致(相差 5 天),极大地促进了设计师与建模人员深度融合，图纸和模型质量得到了极大提高。基于 BIM 技术的施工管控：使用 BIM5D 平台，实现监理例会在线汇报，各管理部门可随时查看施工进度与质量安全问题，协调资源配置。

创新技术

BIM+ 云平台，实现在线协作、图纸审批及资料管理：建立由东航投资公司、项目部、设计院、施工总承包单位、监理公司组成的虚拟办公云平台，在网页端和手机端共享图纸、三维模型、工程资料等文件，实现图纸在线浏览、分发和批注。

BIM + 无人机 + 点云，实现土方平衡计算：使用无人机航拍技术拍摄施工场地原始地貌，生成点云模型，再结合 Revit 软件建立基坑模型，计算土石方挖填方量并出具三维图纸，快速协助审算管理部完成了土方平衡计算。

BIM+ 移动端应用，实现跨区域管理：在施工过程中，使用手机、iPad 等移动端，实现跨区域、跨部门的信息交流、沟通、协同和管理工作，方便管理层及时掌握现场情况。

如何做到 BIM 技术为建设方所用，将 BIM 落实到各专业技术部门或项目部中？东航投资在 BIM 技术的标准产品应用以及工程需求调研的基础上，积极创新研发符合自身特色的系统流程。更正或独立创新八项专业技术系统管理流程，十几项流程子系统，设计三种云端文件样式。东投 BIM 管理中心积极编制《东投 BIM 管理规范》，创建适用于机场建设的 BIM 标准和技术规范，丰富 Revit 的设置与 CAD 的结合。同时，东投 BIM 管理中心为广联达产品提出多项前瞻性的研发需求，使其能够针对机场建设项目更为落地。

成果与成就

优化企业项目管控模式：企业在原有的设计管理、成本管理、进度管理、合同文本标准基础上，嵌入 BIM 管理过程和关键技术内容，优化完善各部门业务流程和管理规范，实现 BIM 技术与建设管理工作在设计优化、合约管理、施工管控方面的深度融合。

设计质量大幅提高：由于航空产业的特殊性，项目设计受到限高控制、功能调整、工艺设计等特殊要求的影响，因此从扩初阶段即开始建立模型与设计图纸同步机制，实现了对设计图纸的提前纠错和优化。提高预算编制准确性：通过 BIM 模型发现图纸缺漏项等问题，提高了清单编制的效率和准确性，使总投资额在预算控制范围内。

困难与挑战：作为建设单位，需同时对接多家设计公司和施工总承包单位，各公司 BIM 应用水平参差不齐，对图纸和业主的关注重点理解不到位，给 BIM 质量管理带来极大困难。东航投资坚持 BIM 前置和事中控制的原则，在前期反复与各公司沟通建模标准和模型深度，每月定期检查模型质量，发现问题并汇总成评审意见交由建模团队修改，在过程中不断纠偏，使模型紧跟设计与施工进度，保证 BIM 成果能及时应用到生产过程中。

结语

近年来随着 BIM 的大力推广，越来越多的业主认识到 BIM 技术对建筑业的影响，期望将 BIM 技术切实、有效地应用到项目管理过程中。东航投资坚持让 BIM 回归工程本身，坚持 BIM 为我所用的原则，把 BIM 融入甲方管理中，利用甲方自身的 BIM 管理优势，把 BIM 工作重心放到与工程各个环节的结合上，无论是利用 BIM 模型参与设计评审会还是召开监理例会，都力求使 BIM 能够参与到整个生产过程中。在效益上实现了管理流程优化、资源信息整合的目的，提升了工程全局把控能力和管理效率。这种探索信息化实施路径和管理手段的方式，对其他企业也具有参考意义。

上海建工施工安全管理应用实践

阙臣远

广联达高级实施顾问

上海建工集团（简称"上海建工"）是国务院和上海市政府重点扶持的大型企业集团，下辖全资、控股企业 300 余家，拥有总资产 238 亿元，国家所有者权益 48 亿元，具有建设部核发的国内最高等级的房屋建筑和市政公用工程总承包双特级资质；同时还具有商务部核准的进出口经营权和外交部授权的因公外事审批权；集团形成了建安主业、工业、房产、投资四大发展板块。

项目背景

2008 年 2 月 1 日开始施行的《安全生产事故隐患排查治理暂行规定》（国家安全生产监督管理总局令第 16 号）明确提出了关于建立健全事故隐患排查治理制度、建立事故隐患信息档案的要求。"十二五"期间国家将工程安全的重要性提升到前所未有的高度。2015 年 5 月国家安全生产监督管理总局又发布了关于征求《安全生产事故隐患排查治理暂行规定（修订稿）》意见的通知，进一步落实生产经营单位的安全生产主体责任，预防和减少生产安全事故。在上海建工集团的"十三五"规划中，建筑施工仍旧是集团业务基石。随着上海建工集团业务的快速增长，安全生产将成为生产管理的重中之重。上海建工集团为此出台了多项相关的制度和规范，但是这些制度和规范如何全面有效地在集团各个工程项目中得到落实，相关人员的职责如何明确，支撑集团管理的核心数据如何具有实时性，成为集团安全管理目前面临的最大问题。

项目目标

随着近几年各项移动应用的飞速发展和网络条件的改善，在原有基于 PC 机信息化系统应用的基础上，扩充和重新构建基于移动终端模式的业务应用系统已经具备条件。鉴于工程项目现场管理的特点，移动端的应用模式更适合项目现场的工作方式。因此，本项目期望通过搭建基于移动应用的全集团统一的工程项目安全管理信息系统，实现各项目安全管理的标准统一、过程受控和结果可见，进而形成集团全面的安全生产管理体系。集团计划在系统建设之初，明确建成一个稳定可靠、具有可扩展性、操作简单和安全可靠平台的目标。

平台搭建

上海建工施工安全管理系统，在平台搭建之前与上海建工安全部、项目部及其他部门进行了深入的交流，确定了建设的范围与深度，在真正了解建工安全业务体系的基础上选择了安全巡检、危大工程管理、危险源管理、安全交底等安全条线的核心业务作为系统的主要框架，将资料管理、分包管理、视频监控等所属子模块共同建设的方式进行平台搭建。在项目建设初期，为了能够保障项目的顺利实现，在人员方面，上海建工集团总裁卞家骏亲自挂帅，统筹各个业务部门，在软件功能模块上实现集团制定的规划。

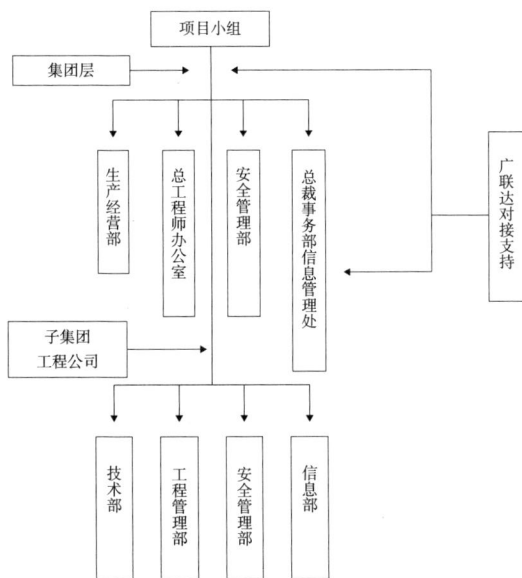

图1　上海建工施工安全管理系统组织架构

　　上海建工所要做的是整个集团的施工安全管理系统的搭建，在进行软件功能确定之前，广联达科技股份有限公司进行了多层次、多业务部门的走访与调研以及核心需求的深度挖掘，从而量体裁衣打造出一套符合建工业务逻辑的安全管理系统。经深度的需求挖掘之后发现，上海建工所需要的系统内容涉及面较广，系统开发周期较长，所以在做开发方案规划时，将需求分为两期进行开发。

一期开发是对亟待梳理的原有业务进行整理，开发相应的管理模块，例如：危大工程管理、危险源管理、安全巡检相关的业务模块；二期的开发偏重于集团如何有效地对下属机构进行有效的管理，例如：在建工程表、应急管理、安全管理制度管理、项目经理考核等模块。之所以分为两期是考虑到在核心模块应用过程中必然会遇到很多问题，留有缓冲时间能够让开发人员根据实际情况对系统进行调整，也保证了系统在一期开发完毕后能够迅速在项目上横向试点，为二期纵向集团推广积累足够的经验。

实施过程

上海建工的管理体系属于典型的四级架构，即集团、子集团、工程公司、项目。系统应满足不同管理层的管理需求。项目管理层是系统最基础的应用层级，也是系统数据最直接的来源，是安全生产管理工作的实施者；工程公司和子集团（公司、事业部）是参与者和督促者；集团总部相关管理部门兼具监管和服务两个角色。

因为层级多，很容易会出现管理脱节的现象。针对这个问题，必须制定人员责任表，明确履职动作，给予各层级人员相应的权限，同时也要对其履职动作进行考评。如，集团安全管理部：全面负责"施工安全管理系统"运行实施相关的管理制度、实施目标、推进计划的制定；接收与确认安全隐患库、重大危险源库调整需求，做好管理和维护工作；管理和维护好安全知识库。

（一）危大工程管理

　　从表面来看，危大工程是技术条线的业务，但是对现场安全业务的管理而言，则是重中之重的关键点。在上海建工几十年积累下，对相应的危大工程会产生对应的危险源做出了具有普遍性的总结，也将这些宝贵的原始数据录入了系统，以方便现场使用。

　　根据住房城乡建设部 [2009]87 号文《危险性较大的分部分项工程安全管理办法》和《建设工程安全生产管理条例》中对危险性较大的分部分项工程管理办法的规定，制定了从现场危大工程施工前的准备工作到验收结束全过程的标准化流程，包括维护危大工程库、识别危大工程、方案编制、交底签到、交底学习、过程管控、风险控制、进度查询、管控任务执行完后出会签单等多方面。

（二）重大危险源管理

　　重大危险源识别：识别出的重大危险源进行标识和重点关注，形成当前项目的《重大危险源清单》，作为各级单位对该项目安全检查时的管理重点。

　　项目《重大危险源清单》：（1）开工阶段清单；（2）按项目进度的阶段型清单；针对性地建立管控措施，做好跟踪工作。重大危险源管理责任会签：高支排架与高支模管理责任会签、附着式升降脚手架管理责任会签、支撑爆破与拆除管理责任会签、塔式起重机管理责任会签、模板提升管理责任会签。

图 2　危险源管理流程

（三）安全巡检业务

为了让现场的工作人员能够顺利使用手机端"云建造"APP，将软件设计到极简，当项目进行安全检查时，可以通过拍照快速记录检查情况，根据需要选择责任区域、安全隐患、整改时限、紧急级别、整改人、通知人、其他说明等信息，记录现场安全隐患情况后，发送责任人进行整改。

图 3　安全巡检业务图示

另外，在系统内内置了海量的标准安全隐患数据库，让检查人员可以方便地选择隐患类型。以现场安全最基本的安全巡检业务为例，系统首先对近期产生的数据进行归纳，分门别类地把数据整理好并呈现出来，形成多种形式的图表。

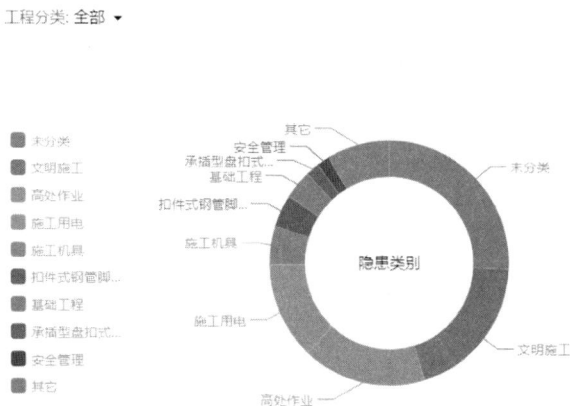

图 4 隐患类别图示

点击便可穿透到数据层，清楚地了解数据走向，并进行预警分析，在以往的管理中，工作人员可能知道近期的问题发生情况与整改情况，但对后期出现同样的问题与同类别的问题并没有有效的分析手段，导致对频发同类或同样的问题没能及时得到专项整改，使得风险指数依旧居高不下。该系统对此类情况实现了有效的统计，可帮助工作人员进行有效的专题督察工作的落实与现场问题的整改工作。

全面推广

为了保证推广效果，上海建工发文要求各级信息化领导小组应把信息化建设与安全管理工作实际相结合，明确分管领导及相关负责人把推广运用"施工安全管理系统"作为 2018 年的安全生产重点，制定实施推广应用方案，建立通报和监督考核机制，加大推进力度。集团成立以总裁为组长的"施工安全管理系统"推广领导小组，统一领导集团安全生产信息化推广。

为了保证所有学员能够接受专业讲师的课程，在集中培训前，提前录制好全面的知识点讲解视频，放在系统资料中心模块中，学员不仅可以秉承"授人以鱼不如授人以渔"的理念，为上海建工选拔培训自己的内部讲师，确保知识的全面普及。

在集团领导的关注下，2018 年 8 月 20 日 ~ 23 日，上海建工集团成功举办施工安全管理系统集中培训，来自集团、子集团、工程公司及项目的业务骨干共计 472 人参加了此次培训，参训人员涵盖建工各个子集团。

培训的主要内容是施工安全管理系统软件的应用操作，包含基础数据管理、新建项目、危大工程、重大危险源、隐患排查、安全交底管理等重要模块操作。在讲课过程中对软件操作进行了细致的讲解以及对功能应用场景进行了阐述，并给学员预留动手练习时间以及答疑环节。为了保障学员培训完后能顺利开展现场作业，在培训中运用了实际项目沉浸代入式操作教学，确保学员能够快速掌握知识要点，并在培训结束后能直接开展现场软件作业，避免出现现场补救式安全模式。

施工安全管理系统属于智慧工地系列的一个重要组成模块，具有操作简单、业务线内容丰富的特点，从施工现场最基础的隐患排查入手，切实可行地保障安全问题 PDCA 闭环，并且实时进行数据汇总，从而实现项目到公司、公司到集团的多级管理。与此同时，从基层项目汇总上来的数据能够进行数据拆解，然后梳理汇总帮助企业形成自己宝贵的数据库。

在培训的过程中建立了 14 个各个子集团的微信问答群，明确群内内部讲师的职责，遇到问题首先咨询内部讲师，遇到系统问题由实施人员回答，这样既锻炼了内部讲师，又能够将问题快速解决。同时，在维护微信群的过程中，将群内问题进行总结，整理成百问百答问题集，定期更新，将问题集下发到群内的同时，也上传到资料中心。在系统内可以直接调出人员的履职信息，形成报表，为绩效考核提供依据。

应用总结

推进过程中，上海建工曾两度下发红头文件，用以系统推进过程中的关节打通，充分表现出上海建工集团对该系统的重视。此系统已经成为现场检查的工具、作业规范的模板、提高效率的手段、快速协同的渠道、分析与追溯的平台，同时系统提供安全生产知识库等一些辅助功能。

（一）效益总结

在 2018 年 8 月 15 日至 9 月 15 日这一个月时间内，上海建工施工安全管理系统录入项目量 1500 余个，危大工程与危险源总数 1500 余个，隐患排查数量 4000 余个，人员录入量 4000 余位。这些数字不单单是数据的堆积，上海建工通过这些数据进行更加强大的数据分析，为集团安全管理提供有效可行的数据支撑。在每个层级首页的 BI 看板界面，呈现出管理层对安全业务所关心的核心数据，并对数据实现溯源，在保证数据真实性的同时，对数据进行数据归纳总结，直观地反馈出问题所在，从而采取有效的管控措施，保障项目整体的健康发展。

对于工地层级来讲，从原来要通过手写笔记整理成材料上交给公司，到现今使用系统直接反馈工作进展，实现数据一次录入、多次使用，节省了现场一线员工的时间，从而把精力更多地转向工地现场的安全监管工作；对于职能部门，避免了邮件或纸质的汇报材料，从系统内直接抓取数据，一键保存历史数据，为企业保存更加准确清晰的运行数据；对于管理层级，不需要再去看大量报表，通过 BI 看板，就能够了解集团、子集团、工程公司的安全走势，做到心中有数。

在安全管理系统全面推广之后，不仅对建工集团积累了几十年的危大工程与危险源数据进行了有效的传递应用，而且集团可以对现场数据进行切实可行的实时监控，实现各项目安全管理的标准统一、过程受控和结果可见，进而形成集团全面的安全生产管理体系。

（二）方法总结

在总结上海建工施工安全管理系统的成功经验时，我们将其归纳总结为十六字，即"集团重视、领导在意、人员到位、责任到人"。上海建工在这四个方面达成共识：一是集团领导高度重视安全管理系统建设，把推进此项工作纳入集团战略目标，出台了多项相关的制度和规范；二是各级领导积极主动，研究制定系统建设、人才建设、发展模式等行动计划，并建立了考核监理办法；三是建立了完善的人才培养体系，为集团的发展提供人才支撑，各专业人才共同参与，共同协作；四是实施目标责任管理，责任落实到人，建立规划实施和督导机制，层层动员、层层推进。上海建工集团通过严格贯彻十六字方针，强化执行力，完善制度措施，把文明施工作为强化企业形象的重点工作来抓，确保安全有序施工。

通过搭建基于移动应用的全集团统一的工程项目安全管理信息系统，实现了各项目安全管理的标准统一、过程受控和结果可见，运用信息化手段推进集团安全管理体系建设，健全完善"党政同责、一岗双责、齐抓共管"的安全工作责任体系，从而提升集团安全生产管理水平。目前，该系统的试点工作已经完成，安全管理系统已经逐步在集团所属项目中推广使用。

数字孪生城市，基于 CIM 的规建管一体化城市发展新范式

刘刚

广联达科技股份有限公司董事长助理

科技发展新趋势

城市已经成为人类经济社会生活首要聚集和全球经济发展的引擎，在全球数字化变革大潮下和数字中国战略的指引下，各种数字科技的创新应用，使新产品、新服务、新业态大量涌现，城市的发展也从原来的二元世界，进入到社会空间、物理空间和数字空间三元世界融合的阶段。数字空间逐步成为城市的新一极。

新型智慧城市是贯彻落实创新、协调、绿色、开放、共享的发展理念，推进新一代信息技术与城市战略、规划、建设、运行和服务全面深度融合，以信息化为引领的城市发展新形态。以"数字孪生"技术（BIM+3DGIS、VR/AR、云大物移智等）为代表的新技术，也正在深刻影响着城市的发展。2018 年 4 月中共中央、国务院批复的《河北雄安新区规划纲要》，明确提出了实现城市智慧化管理，坚持数字城市

与现实城市同步规划、同步建设，推进城市智能治理的新思路、新理念。

创新发展新理念

2018 年 4 月在福州召开的首届数字中国建设峰会上，福州滨海新城展区已经开始利用新型智慧城市的发展理念，以数字孪生技术为依托，以城市规划、建设、管理一体化为抓手探索城市发展的新模式。在新城建设过程中，充分利用 BIM 和 3DGIS、云计算、大数据、物联网和智能化等先进信息技术，在数字空间同步建立一个与实体城市匹配对应、虚实交融的"数字孪生城市"，实现城市从规划、建设到管理的全过程、全要素、全方位的数字化、在线化和智能化。

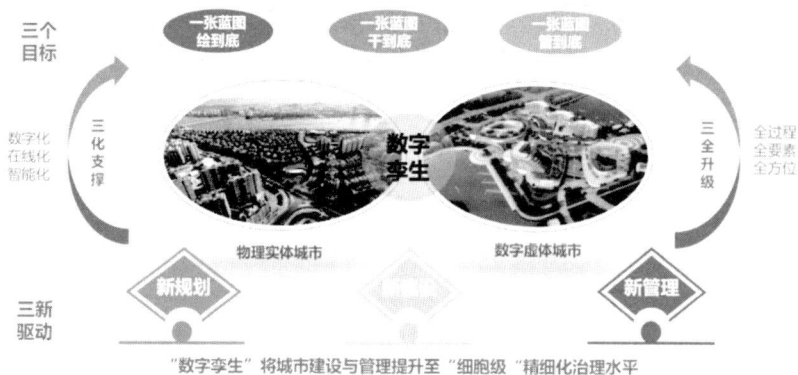

图 1　数字孪生城市新范式

通过"数字孪生城市"可以对新城新区的城市空间、公共设施布局、土地利用变化、基础设施建设、城市治理服务等进行模拟分析与各种预案优化，演绎城市未来的发展，极大地优化城市空间布局，重塑城市基础设施，形成虚实结合、孪生互动的城市发展新形态。这也是新型智慧城市发展的必然方向，对城市的建设和发展升级了一维，支撑并推进城市科学规划、高效建设、精细化治理与服务，确保城市安全、有序运行，将城市治理提升到"细胞级"精细化水平。

建设发展新举措

图 2　规建管一体化业务闭环

　　未来新城新区的建设，需要以数字孪生为核心，基于统一的城市信息模型 CIM，打通规划、建设、管理的数据壁垒，改变传统模式下规划、建设、城市管理脱节的状况，将规划设计、建设管理、竣工移交、市政管理进行有机融合，管理需求在规划、建设阶段就予以落实，实现规建管一体化城市建设与管理新范式。同时，形成和构建统一、动态更新的全生命期城市大数据，形成城市数字化资产，为城市持续建设提供科学决策依据，形成规建管一体化的业务闭环，实现城市一张蓝图绘到底、一张蓝图干到底和一张蓝图管到底！

图 3　城市规建管一体化运营中心

（一）新规划：通过"多规合一"，真正实现城市规划一张图

城市规划是"规建管"的源头，科学合理的城市规划有利于促进城市的可持续发展。目前，城市规划依然存在多规矛盾冲突、项目决策困难、审批耗时过长等现象，影响了后期城市建设和管理。

图 4　多规合一

通过建立 CIM 城市信息模型，直观了解城市空间及管网、道路等城市基础设施的布局，协调景观风貌，进行多方案比选、红线和控高分析、视域分析、通视分析、日照分析等合规性审查，保证多部门信息沟通联动与审批协调一致，规范审批依据，保证一张蓝图的实时性和有效性。通过城市信息模型还可以推演城市发展，通过仿真模拟和分析，进一步优化城市规划方案，提升规划的科学性。

（二）新建设：通过"智慧建造"，构建建设监管一张网

建设阶段作为城市规划落地的实施阶段，将对后期城市管理阶段产生重要影响。当前城市建设中工程项目体量庞大、专业众多、参建方多，由于行业监管资源不足，对施工现场质量、安全、进度等信息获取速度慢，准确性差，造成信息不对称，难以保障各方有序协作，对科学决策支撑不足。

通过规建管一体化平台，基于统一的城市信息模型，对接规划数据和后续管理需求，通过建筑市场与施工现场的两场联动，对建设工程项目从设计图纸审查、质量、安全、绿色施工、进度等方面进行数字化动态监管以及数字化竣工备案，实现项目过程的管理前置，多方协同，多级联动，科学决策，确保工程项目按时、高质、安全交付，推动行业管理从粗放型监管向效能监管、规范监管和联动监管转变，保证把一张蓝图干到底。

（三）新管理：通过智慧运营管理，实现城市治理一盘棋

传统的城市运行管理存在着管理效率低、监管手段不健全、跨部门城市综合治理能力弱、城市基础设施安全监测与保障能力不足、数据价值挖掘利用率低等问题，难以满足新形势下城市安全运行和精细化管理的要求。

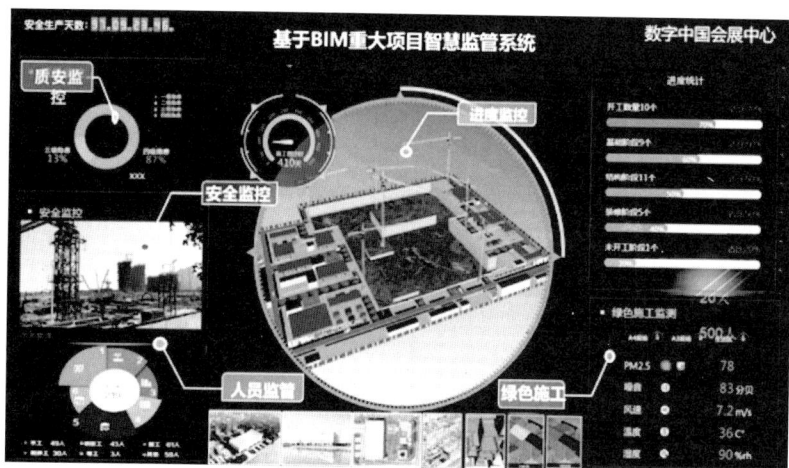

图 5　基于 BIM 重大项目监管

基于建设阶段完成后交付的城市信息模型，建设智慧城市运营中心，利用规划、建设阶段预置的传感设备，对地下排水、供水、燃气管网等城市生命线以及生态环境、洪涝灾害等进行实时监测，敏捷掌控城市安全、应急、生态环境等突发事件，实现事前预防与控制，多级协同，将城市管理精细到"细胞级"水平。利用积累的城市时空大数据资产，反过来又可以指导、优化城市的规划，形成规建管一体化的业务闭环，使规划更合理、建设更高效、管理更精细，大大提升城市建设治理能力和服务水平。

结束语

通过基于 CIM 的规建管一体化平台，以"数字孪生"新理念为亮点，以新规划、新建设和新管理一体化新模式为创新焦点，将对加快转变城市发展方式，提升城市治理能力，加快现代化城市建设发挥重要推动作用。